रंगीन जिन्दगी के ब्लैक एंड व्हाइट रंग

अभिजीत सिंह यादव

Made with ♥ on the Notion Press Platform
www.notionpress.com

अभिजीत सिंह यादव मानते है की लेखन का गुण उन्हें अपने पिता से प्राप्त हुआ है क्योकि उन्होंने अपने बचपन में अपने पिता की डायरियों में लिखी शायरियों को पढ़ा और ऐसा ही कुछ लिखने का प्रयास करने लगे और उनके पिता भी उनके इस शौक का समर्थन करते है।

अतः अभिजीत सिंह यादव द्वारा यह पुस्तक "रंगीन जिन्दगी के ब्लैक एंड व्हाइट रंग " अपने पिता "श्री अजय सिंह यादव" को समर्पित की जाती है।

क्रम-सूची

प्रस्तावना

पाठकों केनामसंदेश

आप सभी को मेरा नमस्कार,

वैसे तो मुझे नही लगता की आप लोग इसको पढ़ेंगे। लेकिन फिर भी पुस्तक लेखन के प्रारूप में प्रस्तावना का होना अनिवार्य होता है।जो की लेखन क्षेत्र में नवीन होने के कारण प्रस्तावना लिखना मेरे वश से बाहर है। काफी पुस्तकों की प्रस्तावना पढ़ने के बाद ऐसा अनुभव हुआ की प्रस्तावना अति औपचारिक भाषा हो जाती है। अतः मैंने"पाठकों के नाम संदेश" को लिखने का निर्णय लिया। यह लिखने का कारण यह था कि आप सबको को इस पुस्तक में लिखे Quote और हिंदी में क्षणिका (जो की मेरा मानना है) की भावभूमि अर्थात् पृष्ठभूमि को समझ सके।

आप के मन में प्रश्न उठा होगा की मैंने Quote को हिन्दी में क्षणिका कहने/लिखने का चयन क्यों किया।

दरअसल मुझे पता था कि इंग्लिश भाषा में Quote कहते है लेकिन मेरे सामने प्रश्न था की हिंदी भाषा में जो में लिख रहा हूं उसे क्या कहेंगे। गूगल ट्रांसलेट पर सर्च किया तो अर्थ मिला-उद्धरण या हवाला देना। लेकिन ये मेरे अपने विचार थे जो तो मुझे ये अर्थ औचित्यपूर्ण नहीं लगा। तब मैंने अनुभव किया जो विचार में लिख रहा हूं। क्षण भर के भावों के द्वंद, कल्पनाओं और सुख- दुख के अनुभवों से हृदय में प्रकट हो रहे है और क्षण भर में आप इन्हे क्षणभर में पढ़ सकते है। इसलिए अपने विचारों के लिखित प्रतिरूप को "क्षणिका" नाम देना उचित लगा।

आइये अब बात करते है इस पुस्तक में है क्या?

इस बार अपनी पहले की गलतियों को सुधारते हुए और लोग क्या कहेंगे के द्वंद से ऊपर उठते हुए प्रेम संबंधी क्षणिकाओं को भी इस पुस्तक में शामिल कर रहा हूं। इस बार क्षणिकाओं का केवल संग्रह किया और जैसा भाव लिखते समय था, उसी के साथ आपके सामने प्रस्तुत है।अब मुझे नहीं लगता पुनः निरीक्षण की जरूरत है। इस ई- बुक की क्षणिकाओं में मुख्यता भाव है - जिन्दगी के अनुभव, अध्यात्म , प्रेम, विरह और पुरुषों की कुंठा है।लेकिन प्रेम और विरह की अधिकता मिल सकती हैं।

इन क्षणिकाओं को लिखने का श्रेय में अपने उस समय को देता हूं जब मैं बचपन में अपने पिता श्री अजय सिंह यादव की लिखी शायरियों को पढ़ता था। उसी आधार पर में क्षणिका लिखने का प्रयास किया।

आशा करता हूं आपको ये क्षणिका संग्रह पसंद आयेगा ।

आप सभी के प्रेम और सहयोग की कामना के साथ में अपने संदेश को समाप्त करता हूं।

धन्यवाद

14 जनवरी 2023

अभिजीत सिंह यादव ‘सिकंदर’

टनकपुर, उत्तराखण्ड

"दूर दूर तक,
फैली है तन्हाइयां,
हम दोनों के बीच,
बाते भी बस,
फासले बताने के लिए होती है।"

...

"बहुत हुआ उनका इतराना,
अब उनका दामन छोड़ देते है।
बहुत घुम लिये उनकी गलियों में,
अब अपने कदम वापस मोड़ लेते है।"

...

"पतझड लगी है दिल मे,
पत्तियां गिर चुकी है शाखों से।
कुछ रिश्ते गिर रहे है पतझड़ की तरह।
कुछ जुड़े है नई कोपलों की चाह में,
कर रहे बसन्त का इंतजार अन्तिम सांसो में।"

...

"खुशबु का पीछा करते करते,
ये किस्मत हमे कहाँ लायी है।
जिस गली में जाना नही था कभी।
किस्मत ने वहीं गली दिखलायी है।
ये किस्मत भी अपनी जिद दिखाती हैं।
जिन की चाह नही उन्ही से मिलाती हैं।"

...

"इतना मुश्किल भी नही है,
किसी के दिल में जगह बना पाना।
उसकी आँखों से दिल मे उतर पाना।
फिर भी उससे इज़हार नही करते।
बस उसका चेहरा देखने की लत है।
इसलिये हम उसके दिल मे नही उतरते।"

...

"सबसे छुपा कर,
अपने दिल की बाते किया करो।
आंखों ही आंखों में ये बातें किया करो।
मिल नही सकते असल जिंदगी में कभी।
ख्वाबों में ही मुलाकात कर लिया करो।"

...

"इरादा तो नही था,
इश्क की गिरफ्त में आने का।
उसकी नजरों के सामने,
बेबस हो जाने का।
उसके नैनों की मदहोशी थी।
मजबूर कर दिया गोते लगाने को।
मजबूर कर दिया आशिक बन जाने को।"

...

"अभी भी कह सकते हो,
वो बात फिर से,
जिसे तुम टाल गये थे।
हम अच्छे दोस्त है कहकर,
अपना काम निकाल गये थे।
मैं अभी भी खड़ा हूँ उसी जगह ,

• X •

लेकर टूटे दिल को अपने साथ।
तुम अभी भी कह सकते हो,
अपने मन की बात।"

. ..

"हम इजहार करते है,
तो तुम समझती नही।
बस मशकरा समझ,
नकार जाती हो।
इजहार तो दिल से ही किया,
वो अलग बात है,
तुम समझ नही पाती हों।"

...

"ज़िन्दगी खुशनुमा हो गई,
मेरी तेरे आने से,
कुछ पल यूँ साथ बिताने से।
ये बस मात्र वहम है मन का,
लेकिन ठंडी हवा का झोंका है ढंग का।"

...

"काश आंखों से बाते हो पाती ।
हमारी बाते बिन कहे उन तक पहुंच पाती।
सोचने विचारने की ना होती झंझट।
मन की वो हर बात समझ पाती।"

...

"मात खा गए इश्क़ मे हम,
लिखा तो बहुत हमने।
बोल ना पाये हम।
इश्क के रण में,

तभी तो हार गए हम।"

....

"सफर की शाम हो गई,
ये सूर्य भी अस्त हो रहा।
मेरी सारी कोशिशें नाकाम हो गई।
कहने को बहुत कुछ था तुमसे।
लेकिन कुछ बाते सरेआम हो गई।
तुम तक पहुंचने से पहले,
सफर की शाम हो गई।"

...

"बस वही एक चेहरा है,
जो चन्द्रमा सा शीतल,
अंधेरे पर उसका पहरा है।
बस वो ही एक चेहरा है।
रात उसकी आँखों मे बसती है।
सूर्य के तेज का बसेरा है।
बस वो ही एक चेहरा है।"

· ..

"चारदिवारी मे कैद है,
तेरे लिए अल्फ़ाज हमारे।
जो कभी तुझसे मुखातिब नहीं होते।
इश्क़ हो रहा हैं धीरे धीरे तुझसे,
लेकिन तुझसे इज़हार के काबिल ना होते।"

...

"उनकी मुस्कान में ही,
बसंत के उल्लास को जी लेने दो।
बालों की लटों में,

मेघो की घटा का अनुभव करने दो।
कुछ रिश्तों को,
गुमनाम रहने दो।"

...

"किसका रस्ता देख रहे हो,
बस कोई साथ आ जाये चलने के लिए।
मैं थोड़ा बोलू तो वो सुने मेरी बातो को।
उसकी लंबी बातों को सुनने के लिए।
उसकी का इंतजार कर रहा हूँ।
लंबे रास्तों पर चलने के लिए।
मंजिल तो पा लूँगा अकेले ही।
कोई तो चाहिए इस गंभीरता को,
थोड़ी देर बदलने के लिए बस ,
उसी का इंतजार कर रहा हूँ।
लंबे रास्तों पर चलने के लिए।"

...

"निशान बाकी है,
उनके मिट जाने के बाद।
बस उनकी यादें शेष रहती हैं।
कुछ हम बचाते है।
कुछ प्रकृति में शेष रहती है।
इमारतों के खंडहर के रूप में ,
दिखाई देती हैचॉकलेट खत्म कर,
जो शेष बचती है पन्नी,
उसमें भी दिखाई देती है।
निशानी बाकी है,
यादों में समायी रहती है।"

...

"तेरे साथ गुजारा लम्हा,
माना थोड़ा ही सही,
लेकिन दिल मे बसता है।
तेरी आवाज का रिकॉर्डर,
सुबह शाम दिमाग में बजता हैं।
तेरे साथ गुजारा हर लम्हा,
पूनम की चाँदनी सा लगता हैं।"

...

"अपरिचित सी तू है।
अपरिचित सा मैं हूँ।
दो पल की मुलाकात होती है।
देख तुझे लब सिल जाते हैं।
बस आँखों से बात होती हैं।"

...

"हवाओं पर लिखा मैंने,
नाम तेरा प्रेम के भावो से।
अब वो नाम तेरा,
हवाओं में घुल चुका है।
जो है प्रेम तेरा,
वो अब साँसों में घुल चुका है।"

...

"तन्हाई का आलम,
हम से पूछो ग़ालिब।
हम खुद ही,
खुद से बात करते है।"

...

"तुम क्या जानो हाल हमारा।
हमारे चेहरे पर भावों का आना।
हर बात को मुस्कान में छिपाना।
मन की बातों को यूं ही छुपाना।
तुम क्या जानो हाल हमारा।"
...
"रात यह कहकर छेड़ती है,
तुम बैठे हो यहाँ पर अकेले।
वहाँ चाँदनी चाँद संग खेलती है।"
...
"तुझे है किस बात की फिक्र।
ना मन मे प्रेम है कोई मेरा।
ना मन मे किसी महबूबा का डेरा।
तो मन मे डर ने जमाया डेरा।
मन मेरे किस बात डर,
जब कोई नही मेरा।"
...
"मिल न सके,
बस बाते ही होती रही।
नाम भी गलत बताया तुमने,
मुलाकाते होती रही।
एक रूप बना शब्दो के भावों से तेरा,
उससे ही सपनो में बातें होती रही।"
...
"एक तुम हो,
जिससे बात हो जाती है।
हल्की फुल्की मजाक हो जाती है।

दुनिया के लिए पत्थर की दीवार है।
तुम्हारी बातें इस दीवार को पिघलाती है।"

...

"हर चेहरे के पीछे,
एक चेहरा छिपाते है।
बात तो करते है प्यारी सी।
कौन है वो नही बताते है।
उनसे कोई गिला शिकवा नही।
चेहरा वो छिपाते है।
चेहरा हम भी छिपाते है।"

...

"चाँद मेरा हमसफर है,
संग मेरे वो चलता है।
जो नही कह पाता बात उससे,
वो सब चाँद से कह,
काम चलता है।"

...

"अच्छा होता ,
अगर तुम बिन कहे ।
कुछ समझ पाते।
प्रेम है तुमसे।
इतना साहस नही।
जो कह पाते।"

...

"महसूस होता है,
तेरी कमी का एहसास।
बाते नही होती जब दिन और रात।

तेरा चुप रहना चुभता है ऐसा,
तन्हाई का झोंका आया हो आज।"

..

"हो अगर दिल मे प्यार,
तो मत करना मुझसे,
ना करना इजहार।
चांद तारो की कल्पना से,
दूर ही रहता हूँ हर बार।
वास्तविक हैं कर्तव्यों का तल,
उसी पर चलना है हर बार।"

...

"हाँ शक्ल दिखाने आया था।
कैसी हो तुम ये देखने।
और कैसा हूँ मैं ये दिखाने।
यूँ ही आया था।
भोर के उगते सूरज,
और दो चमकते तारो को देख,
अपना दिन बनाने आया था।"

. ..

"शोर मचता रहता है दिल मे,
आवाज तुम तक पहुँच नही पाती है।
कुछ ज्यादा ही पास होती हो तुम मेरे,
जो तुम आवाज सुन नही पाती हो।"

.....

"ये इश्क़ है जनाब,
चाहे कितना ही बेवफा हो।
लेकिन दिख जाये कहीं,

दिल धड़काता जरूर है।
आँखे जब चार होती है,
बेवफा इश्क़ से।
उन भूलीं गलियों मे,
वो बुलाता जरूर है।"

. ..

"कुछ रिश्ते बातो के ,
मोहताज होते है।
जितनी ज्यादा बाते,
उतने गहरे एहसास होते है।
बांध दो उनको इश्क़ की,
रेशम की डोरी से।
ये प्रेम के मीठे,
एहसास होते है।"

...

"तेरी आवाज,
अक्सर सुनाई दे जाती है।
अक्सर एकांत मे बैठे हुए, तू दिख जाती है।
जैसे बुला रही हो, दुनिया के उस पार मिलने को।
तुझको ये दुनिया रास ना आयी।
शायद वो दुनिया रास आती है।
तेरी आवाज सुनाई दे जाती है।"

...

"अब भी तुमको,
चाहते है पहले से ज्यादा।
बस शिकवा है इतना,
तुम पहले जैसी सरल नही रही।

जितना उलझाती थी पहले,
उसे ज्यादा उलझी सी बन गयी।"

....

"वो एहसास,
अलग ही था।
धूप भरी सड़क मे,
तुझको देखने का।
पहली बार आँखों मे,
आँखें डालकर।
अपने अक्स को देखने का।"

.. .

"ये क्या बात हुई,
तुम आती हो,
और चले जाती हो।
ना हुई कोई बातचीत,
तुम केवल मुस्कुराती हो।"

...

"आवाजों के जंगल मे,
तेरी आवाज कोयल की कूक है।
जिंदगी के शोर शराबे मे,
तू सरगम का अनुपम रूप है।"

...

"प्यार की सीमा नही कोई,
अंनत विस्तार है।
भेद भाव नही है किसी से,
सजीव और निर्जीव ,
दोनों से प्यार है।"

...

"मुमकिन नही रहा,
किसी के प्रेम मे पड़ पाना।
कुछ कसमों के चक्कर मे,
दिल मे ताला लगाये बैठे है।"

...

"मेरा दिल क्या है।
तुम कभी नही,
समझ पाओगे।
आखिर है क्या,
कभी ना जान पाओगे।"

...

"जिंदगी मुस्कुराने लगी,
जब से तुझे देखा,
अजीब सी कशिश,
जिंदगी मे छाने लगी।
तुझसे बात करने की तमन्ना,
मन मे आने लगी।
जिन्दगी मुस्कुराने लगी।"

...

"तुम्हारी चुप्पी,
बहुत चुभती है।
कुछ खता है हमारी।
जो आवाज तुम्हारी।
कानों मे नही पड़ती है।"

...

"पहले जैसी बात नही,

जैसी अंजान होने पर,
करती थी बाते रातो-रात।
अब ऐसी कोई रात नही।"

...

"बात बात पर नही बिगड़ते,
हर बात पर खाना छोड़,
ऐसे भूखे नही मरते।
जो बात बिगड़ी आज,
वो कल सही हो जायेगी।
उन बातों के कारण,
मन खराब नही करते।"

...

"बात नही करनी तो,
मत करो बातें।
चुप्पी तो हम भी,
अच्छे से समझ जाते है।
कह देती मन भर गया तुमसे,
हम खुद ही दूर हो जाते।"

...

"इश्क़ का इजहार तो,
मै कल ही कर दूँ।
लेकिन डर लगता है,
कहानी अधूरी रह जाने का।"

...

"सच्चा हमसफर,
तू ही है मेरा,
रूह मेरी चिल्लाती है।

बयाँ कर दूँ,
जज़्बात दिल का।
जालिम दुनिया के खौफ से,
आरजू दिल मे दफन हो जाती है।"

...

"जो दूर रहते है,
बुलाओ कभी मिलने को,
बहाने बना मुँह फेर लेते है।
जमाने का डर है शायद,
उनको भी और हमको भी।
तभी जब मिलते है,
अनजान बन मुँह फेर लेते है।"

....

"तुम रख लो,
दिल मेरा।
अपना दिल,
मुझे दे जाओ।
क्या पता इसी तरह,
तुम इश्क़ को समझ पाओ।"

. ..

"इश्क़ की कुछ कहानियाँ,
अधूरी ही रह जाती है।
कभी जमाने की वजह से,
कभी बीती यादों की वजह से,
दोराहे पर खड़ी हो जाती है।"

...

"तुम्हारी खामोशी मे,

मुझे जलन नजर आती है।
बातें ना समझने की नाराजगी है।
ये भी बताती है।
तुम्हारी बातों मे,
इश्क की खुशबू आती है।
सुनकर तेरी बातें,
अजीब मदहोशी छा जाती है।"

...

"तुम्हारे साथ चलना है,
तुम्हारा ही अब बनाना है।
बगावत करनी पड़े दुनिया से।
तेरे संग धर्म राह पर चलना है।"

...

"तुम्हें क्या हुआ,
आजकल लगाव धीरे धीरे,
कम होता जाता है।
कभी हर शाम,
तुम्हारा फोन आता था।
बातों का सिलसिला,
रात को लंबा खीचा जाता था।"

...

"तुम्हें क्या हुआ,
आजकल ना फोन आता है,
ना बातों का सिलसिला ही बन पाता है।
ना जाने क्यों ,
ये रिश्ता टूटता नजर आता है।"

...

"यार! ढीले पड़ रहे है,
तेरे बुने जाले के तार।
तुम दोस्त हो मेरे,
तो बता देता हूँ यार।"

....

"जागो और देखो,
यहाँ दो दिल एक दूजे से,
चुपचाप खेलते है।
सूर्य और किरण एक साथ,
अंनत आकाश मे टहलते है।
दोनों जोड़े है साथ साथ,
नही कहते मन की बात।
रूहानी आशिक है वो,
हर बात आँखों से बोलते है।"

. ..

"पता नही कौन है।
शायद मिलीं नही,
या पहचान ना पाये।हो सकता है ,
हो जिंदगी मे बावफ़ा,
चलती हो संग हमारे।
इश्क़ की रूहानियत,
दोनों जान ना पाये।"

...

"आजकल तुम मुझे,
नजर अंदाज बहुत करते हो।
लगता है आशिकी कम।
नफरत हजार करते हो।"

...

"कौन नही चाहता,
इश्क़ का इजहार कर,
तेरे संग रहना और प्यार करना।
बस दुनिया का डर है,
जो कुछ कह नही पाते।"

...

"कश्मकश कैसी है दोस्त,
इश्क की लत भी है,
और है इश्क का खौफ।"

...

"अंधेरा है दिल मे,
इश्क की आग लगा लो।
जितने बसे है भाव दिल मे,
उन सब को उसमे जला दो।"

...

"क्या सही क्या गलत,
तुझे खुद ही समझना पड़ेगा।
इश्क भी छलावा है अधिकतर।
छलावे को पहचान कर,
उससे बचना पड़ेगा।
वरना छलते जायेंगे लोग,
तुझे इश्क़ के नाम पर।
तुझे देंगे धोखा खुलेआम,
और बतायेंगे इश्क का तोहफा।
धोखे को तोहफा मान,
तुझे रखना पड़ेगा।"

...

"पलटकर देख लेते तुम,
तो तसल्ली होती हमको,
की तुम भी हमसे प्यार करते थे।"

...

"प्यार के गीत गाते रहो,
यूँ ही मुस्कुराते रहो।
जो मिले राह मे रोता हुआ।
उसको संग अपने हँसाते चलो।"

..

"चाँद बड़ा बातूनी है,
बस चुप रहकर,
बात करता है।
अपनी चन्द्र कलाओ से,
गुस्से का इजहार करता है।"

...

"छोड़ा भी नही जाता,
और छोड़कर रहा भी नही जाता।
इश्क़ को ऐसे ही नही कहते,
आग का दरिया।
एक बार कैद होकर तो देखो।
कैदी बन ही दिल जीना है चाहता।"

...

"नाराजगी और इश्क़ का,
एक नया अफसाना लिख।
छुप छुप के मिलने का,
कोई नया ही बहाना।

इश्क और नफरतों का,
नया ही तराना लिख।"

...

"बाते कम और काम ज्यादा,
तेरे मोहल्ले मे मेरा नाम है ज़्यादा।
बोलते नही तुझसे कभी,
लेकिन तेरे मोहल्ले मे पहचान है ज़्यादा।
तू इंकार कर या इकरार कर।
कोई फर्क नही पड़ता।
मेरे इश्क़ के चर्चे ,
तेरे पड़ोसियों की जुबान पर है ज्यादा"

...

"इश्क़ वो बारिश है।
जिसमे लोग भीगना,
चाहते भी है और नही भी।
इश्क़ वो बारिश है।
जिसका इंतजार सबको है।
लेकिन बोरियत भी है।"

.....

"खर्च कर दिया खुद को,
धुयें के कशो पर।
तेरे इश्क़ से,
पहला इश्क यही तो है।"

...

"खो जानें से पहले,
अपने कुछ निशां छोड़ जाना,
उन जाते हुए रास्तो पर।

इशारों मे ही सही,
जगह का पता बता जाना।"

....

"फासले कम ना हुए,
तेरे मेरे बीच के कभी।
बस यूँ ही तुझको देखते है।
अकेले मिले तो अपने बने।
समाज मे मिले तो,
अजनबी बन चलते रहे।"

....

"कैसी कश्मकश मे है हम,
ना दिल की बात बोल पाते है।
ना कर्तव्यों के बंधन खोल पाते है।
बहुत कुछ है कहने को,
लेकिन खुलकर नही बोल पाते है।"

....

"चाहते तो सब है,
लेकिन मनचाह,
कुछ नही मिलता।
मनचाह जीवन, मनचाह प्रेम,
सभी को नही मिलता।"

....

"किताबे-इश्क़,
किताबो मे मिलता है।
असल दुनिया मे इश्क़,
कहाँ मिलता है।"

....

"कुछ इस तरह।
तेरे से जुड़ी चीज को,
प्रेम से अपनाना चाहता है।
तू दिखी खिलते,
गुलाब की तरह।
लेकिन ये दिल,
तेरे काँटों को छूना चाहता है।"

.....

"देखने मे बहुत आसान है,
प्यार करता हूँ कह देना।
जब निभाने की बात आती है।
तो दुनिया दुश्मन बन जाती है।"

.....

"बेइरादा हो गया,
कुछ समय के लिए।
तेरे ना कह देने से।
लेकिन कोई बात नही,
अब हमारी तवज्जो,
बेरहम जिंदगी है।"

....

"हाथों मे तेरा हाथ रहे,
होती बस अब बात रहे।
ऐसी ही मुलाकाते हो।
इश्क़ ना सही,
मित्र बनकर।
तू हर पल मेरे साथ रहे।"

....

"जब नही करनी थी बात,
आये क्यों थे पास।
क्यों आधी रात जगाया था।
कुछ था नही बातों मे,
क्यों समय गवाया था।
अब जब उतर चुके हो दिल मे,
तो बात क्यों नही करते।"

...

"पल भर का प्यार,
बहुत तड़पाता है।
देता है सुकून थोड़े पल
, फिर दर्द देकर चला जाता है।"

.....

"इश्क़ मे अक्सर,
खो जाते है ।
लक्ष्य से भटक जाते है।
भूल कर दुनिया को,
इश्क़ है अपना समझने लग जाते है।"

.....

"खफा हो गए वो,
बात करते करते।
शायद हमारी बातों मे,
मिठास ज्यादा थे।"

.....

"ख्वाबो के नगर मे,
रातों मे चले जाते है।
अक्सर बाते हो जाती है,

• xxx •

जिनसे बोल नही पाते है।"

....

"दिल सुधर जा जरा,
ना कर जिद,
इश्क़ के दलदल को,
अपना बनाने की।
इश्क़ के अलावा,
और भी जगहे है,
दिल लगाने की।"

....

"मन उपवन मे पुष्प खिला है,
शायद है कोई खास ,
जो अब मिला है।
मित्र कहूँ या प्रियतमा,
अपरिभाषित हैं संज्ञा।
लेकिन उसकी बातों से,
दिल को सुकून मिला हैं।"

.....

"पहले खुद को बदलो,
फिर हमें बदलने की,
बात कर लेना।
कभी अपने डर को,
मन से हटाओ सही।
बेशर्म बन जायेंगे हम भी,
दुनिया के सामने बात कर लेना"

.....

"तुम्हैं चाहने के लिए,

जन्म अगली बार लेंगे।
कर्तव्यों और जिंदगी के खेल मे,
हम एकांकी रहेंगे। तु
म्हारे संग मुस्कुराने के लिए,
जन्म अगली बार लेंगे।"

....

"जिंदगी मे अगर प्रेम हुआ है,
बहुत गंदा गेम हुआ है।
सबने खेला है जज्बातो से,
जब जब सच्चा प्रेम हुआ है।"

.....

"तुम नही चाहते,
बात करना हम से,
तो हम भी क्यों,
पीछे पड़ समय गवाये।
और भी काम है जरूरी,
अब चल कर उन्हे निपटाये।"

......

"प्यार वो फूल है,
जो काँटों संग खिलता है।
वो भाव है,
जो बातों मे मिलता है।"

...

"कुछ भी नही बदला हम मे,
बस बदल तो तुम गयी हो।
निस्वार्थ से स्वार्थ की ओर,
बड़ी जल्दी बढ गयी हो।"

.....

"बेजान कर गये वो,
जाते जाते पुराने रास्तो पर।
इश्क़ के पौधे को,
कब्र मे दफन कर गये।"

.....

"जरा सा सब्र रखना था,
थोड़ा सा बातों को समझना था। ज
रा महसूस तो करते,
इश्क़ की खुशबु को।
खैर छोड़ो अब,
तुमको को बेवफा से,
वफा की उम्मीद मे,
इश्क़ नजर आया।"

...

"आँखे बंद कर,
तुझे महसूस करना चाहता हूँ।
तू सामने आ जा कभी,
तुझसे बात करना चाहता हूँ।"

....

"हम मिले भी तो ऐसे,
जैसे नदी के किनारे।
जो कभी मिलते नही।
चाहे जितना भी पास हो,
बीच मे बहाव रहता है।"

....

"मैं बेसब्री से इंतजार कर रहा हूँ,

जब तुम मुझे मिलने आओगी।
बाते करके आँखो ही आँखो मे,
इश्क़ का इजहार कर जाओगी।"

.....

"तुम्हारी बेरुखी ने,
बहुत कुछ बदला है सनम।
अब प्यार का मतलब
, स्वार्थ ही लगता है।"

......

"मोहब्बत वो बारिश है,
जिस मे लोग भीगना भी चाहते है।
और बचकर निकलना भी चाहते है।
इस मोहब्बत की बारिश मे,
लोग भीगकर भी पछताते है।
और ना भीगे तो भी पछताते है।
किसी की भीगकर बूझ जाती है प्यास।
तो कई भीगकर प्यासे रह जाते है।"

. ....

"ज़रा सी देर क्या हुई,
तुमने रास्तें बदल दिए।
चलना था संग संग,
तुम अज्ञात संग चल दिए।"

.....

"आप कहे तो,
आपकी बातों से,
दिल के अरमान,
जान जाते है।

मुखौटे के पीछे, कैसा है दिल ,
पहचान जाते है
।पता है काँटों से,
खेल रहे है हम।
अनजान बन,
यूँ ही खेलते जाते है।"

. ..

"पहले प्यार का एहसास था जैसे,
खुशियों का साथ था।
एक तरफा था,
लेकिन सच्चा प्यार था।
उसे पाने की नही थी तमन्ना,
बस दिख जाये एक बार,
विचार मन मे साथ था।"

....

"मुँह क्यों फेर रखा है चाँद ने
कुछ नाराजगी है,
धरती वालो से।
या फिर आज फिर से,
दिल दुखाया है जान ने।"

....

"प्यार की छाँव में ठंडक भी मिलती है,
पैरों मे छाले भी पड़ते है।
सम्भल कर चलना,
प्यार की छाँव में,
शरीर से ज्यादा,
दिल जलते है।"

....

"तुमसे मेरा जुड़ना- जैसे,
दो विपरीत आवेशों का मिलना हो जैसे।
वैचारिक मतभेद है चरम पर,
फिर भी बातें होती है और बहस भी,
फिर भी एक दूसरे को समझते हैं कैसे।"

...

"चाँद लगता है ऐसे,
तू भी चाँदनी से,
लड़कर आता है।
चेहरा छुपाने को,
बादलों के पीछे,
छुप जाता है।"

....

"प्यार बचा रह जाएगा।
नफरत तो चलती रहेंगी।
जंग भी चलती रहेंगी।
लड़ने के लिए,
प्यार ऊर्जा दे जायेगा।
कही बनेगा प्यार हथियार,
कही जीवन शक्ति बन,
उभरकर आयेगा।
कोई भी हारे, कोई भी जीते,
प्यार बचा रह जाएगा।"

. ...

"कुछ तो खबर देते अपनी,
जाने से पहले,

बसंत आते ही बदल लिए।
पतझड़ मे खाई थी कसम,
काँटों पर संग संग चलने की।
बसंत आते ही,
मखमली घास पर चल दिये।"

. ...

"प्यार पनपता है ऐसे,
सदाबहार का फूल हो जैसे।
नही देखता कोई जगह वो,
खुद ही कही भी उग जाता है।
अपनी खुशबु से माहौल को महकाता है।"

....

"तुम्हें भी हवा लग गई है,
इश्क़ की बदनाम गलियों की।
तभी तो उन गलियों मे,
तुम्हारे चर्चे सरेआम है।"

...

"तुम वो एहसास हो,
जो दूर होकर पास हो।
डर भी लगता है कभी,
कहीं तुम तो नही,
कोई ख्वाब हो।"

...

"अगर मालूम होता,
तुझसे इश्क़ ना कर भी तड़प जायेंगे।
बातें कर ही भटक जायेंगे।
तो तुझसे मिलने से पहले ही,

अपना रास्ता बदल लेते।"

...

"बिछड़कर ऐसा लगता है
, जैसे तुम मेघ हो।
मै वर्षा की बूँद।
अस्तित्व शून्य लगता हैं।"

.. .

"तुम्हारा देखना ऐसा था जैसे,
चाँद जमीं को देखता है।
मिलना तो चाहता है,
लेकिन "कैसे मिलूँ",
"यही सोचता है।"

...

"हम दोनो ऐसे है,
जैसे नदियों के किनारे।
जो दूर होकर भी,
जुड़े है बातों की नदियो से।
लेकिन मिलते नही,
अलग है हमारे जिन्दगी के पैमाने।"

...

"भुला दिया मुझे उसने ऐसे,
जैसे अनजान मुसाफिर है हम।
उसकी हैसियत से कम हैसियत,
रखते है हम जैसे।"

...

"हम तुझे भूल गए है ऐसे,
तेरा अस्तित्व ही नही था जैसे।

जीवन मे काम थे और भी।
आगे भी तो बढना था जैसे तैसे।
अब ये ना पूछना तुझे भूले कैसे।"

...

"क्या जानना चाहते हो,
इस उदासी का कारण,
क्यों जानना चाहते हो।
पहले बता दो रिश्ता,
हम दोनो के बीच का।
फिर बतायेंगे हर बात,
जो जानना चाहते हो।"

...

"तुम्हारी बातें जैसे,
गुलाब की खुशबु है,
जो दिल को रास आती है।
ठंडी हवा का झोंका है,
जो गुस्से को ठंडा कर जाती है।"

...

"हम अक्सर मिलने आते थे,
लेकिन मिल नही पाते थे।
अजीब सी हलचल थी दिल मे,
जो बात कहनी थी कह नही पाते थे।"

.....

"चाँद लगता है जैसे,
तुम भी किसी के,
इश्क मे पड़े हो जैसे।
खाली अंधेरी रात मे,

"यूँ ही तो नही आते हो।
है तुम्हारा महबूब जर्मी पर,
जिसके बारे मे नही बताते हो।
"...
"दो बातें है,
हाय हैलो से,
नई शुरुआते है।
बहुत सी बात है,
मन मे मेरे।
लेकिन तुमसे होती,
दो बातें है।"

....

"प्रेम बंधन नही,
एहसास है।
जो निस्वार्थ है।
जहाँ हो, बाँधने की कोशिश।
वो प्रेम नही स्वार्थ है।"
...
"आओ मरहम बन जाते है।
तुम बनो मेरे लिए।
मै बनू तुम्हारे लिए।
ऐसे ही एक दूजे के,
जख्मों को मिटाते है।
"...
"मेरे बस मे नही था,
तेरी और मेरी इच्छा को,
पूरी कर पाना।

तेरे रास्ते थे अलग,
मुझे था कर्तव्यों की तरफ जाना।"

...

""तुम्हारा जिक्र ऐसा है
, चेहरे पर अलग ही खुशी देता है।
अपरिभाषित है रिश्ता हमारा,
फिर भी उमंगो से भरा रहता है।"

...

"मिलो तो इस तरह,
दो बातों से ज्यादा,
बातें हो जाए।
दोनों के बीच,
कुछ ना रहे जानने को।
ऐसी मुलाकात हो जाये।"

....

"जब भी तुम मिलने आती हो,
काम की बात करती नही ।
मोबाइल मे लग जाती हो।
कभी मिलती है सहेलियाँ तुम्हारी,
उनके साथ फुर्र हो जाती हो।
काम की बात करती नही,
खाली घुमाती हो।"

....

"जो बार बार पूछते हो,
तुम उदासी को देखकर।
ये दुख नही आदत है मेरी,
चौंका ना करो उदास देखकर।"

....

"काश कि तुम भी होते,
हमारी तरह संघर्ष करने वाले।
जिन्दगी को समझने वाले,
तो तुमसे हम पर्दा ना करते।"

....

"अगर मुम्किन हुआ तो,
तेरे सभी सवालों का,
जवाब दूँगा कभी।
जब कभी तुम,
पुराने रास्तों पर,
वापिस लौट आओगी।"

....

"ख़ुशबू तेरे प्यार की,
यहाँ तक आती है।
कुछ दीवारे है,
तेरे मेरे बीच।
तभी बातें हो नही पाती है।"

....

"उदास करती है चाँदनी,
उस आशिक़ को
। जिस का दिल भी,
चाँदनी रात मे टूटा।"

...

"उसके दिल का सफर,
तय कर लिया मैंने।
लेकिन असमंजस ऐसा है,

मै वहाँ रुकना तो चाहता हूँ।
और रुक भी नही पाता हूँ।"

.....

"सोचने में ना बिता देना उम्र,
कही ऐसे ही आशिक।
जब इजहार का मौका आये,
तो वो किसी और की हो चुकी हो।"

.....

"दिल पर इतना बोझ मत रखो।
कब तक दोष दोगी खुद को,
उसके खो जाने का।
वक्त बीत गया अब अफसोस मत रखो।"

.....

"प्यार का मौसम ना बीते,
ना रूके बसंत ब्यार।
ना रूठे प्रेम किसी से,
बसंत रहे सदाबहार।"

......

"आज नही आया चाँद हमारा।
कब्रिस्तान लगता है नदी का किनारा।
उसका चेहरा देखने को धड़कन तरसती है।
जैसे जन्नत की तलाश मे रूह भटकती है।"

......

"डर नही लगता अकेलेपन से,
फिर भी आदत है तेरी।
बिन बताए मत जाना,
अंधेरों मे गुम होने से पहले,

एक लम्हा जरूर बिताना।"

....

"थोड़ी बीते पलो की यादों को,
दिल मे समेटकर लाया हूँ।उ
न अधूरे ख्वाबों को,
फिर से कंधों पर लाया हूँ।
इन खट्टी यादों के साथ,
मैं फिर नया साल मानने आया हूँ।"

......

"नये सिरे से शुरू करे,
कुछ बाते पुरानी,
कुछ चुलबुली यादे,
जो हो चुकी है अनजानी।
नए सिरे से शुरू करे।
रोटी में लिपटी हुई चीनी,
और गुड़ की कटकी।
इंटरवल की छुपन छुपाई,
सिर पर लगने वाली धप्पी।
नए सिरे से शुरू करे।"

....

"एक झरोखा खुल जाता है।
कभी ना कभी किसी के द्वारा ही,
जो बता जाता है लोगो के बारे में।
कान में कह जाता है ।
क्यों रुके हो उनके द्वारे में,
जब वो तुमसे मिलना नहीं चाहता है "

....

"मन की स्लेट पर,
अंकित है हर पल,
लेकिन तुझे दिखाना जरूरी नही।
मुस्कुरा देते तुझे देख जिंदगी,
तुझे हर बात बताना भी जरूरी नही।"

.....

"ऐ जिंदगी बस करो,
इम्तिहानों का सिलसिला।
सवालों को समझते समझते,
इन्तिहा हो गयी है।
कितना समझे तुझे,
और तेरे सवालों को।
तू धागे में पड़ी गांठो सी,
उलझ सी गयी है।"

......

"हँसते खेलते हुए,
ये बचपन निकलने दो।
मत डालो बस्तों का बोझ,
इन नाजुक कंधों पर।
भार उठाने लायक ,
इनको बनने दो।"

....

"हँसती खेलती दिखती है,
ज़िंदगी तो शिकवों से,
यूँ ही भरी पड़ी है।
जिंदगी को जीना,
तुझे भी है और मुझे भी।

तू इकलौता नही है ,
तू इस दुनिया मे ।
यहाँ सब की आँखे,
आसुंओ से भरी पड़ी है।"
....
"तमाम कोशिशो के बावजूद,
ऐ जिंदगी! ना तुझको समझ सके।
ना कुछ कह सके।
तू यूँ ही उलझाती रही।
और हम उलझते रहे।"
....
"कही भी घर बना लो,
अपनी बातों से,
अजनबी को भी लुभा लो।
अपने कर्मों से रिश्ता,
अनोखा बना लो।
जब लगे हो परायो के बीच,
उन्हें अपना बना लो।
कही भी तुम अपना घर बना लो।
....
"ये किसकी परछाई है,
जो बिन बुलाये आयी है।
ये बीते कल की लहरे है,
या आने वाले कल की आहट।
जिसने पल भर के लिए,
अपनी झलक दिखाई है।"
....

"क्या बचा लिया तुमने,
डूबती आशाओ को जिंदगी,
ये निराशाये जिंदगी डुबो देती है।
उभरती हुई नई कोपलों को,
पनपने नही देती है।"
......

"अंधेरा मेरी पनाहगाह है,
जो इक मद्धम सी किरण को,
सूरज बना देता हैं।
दे धक्का मुझे उस ओर,
आगे बढ़ा देता है।
चकाचौंध से बचाता है मुझे,
आशा के फूल खिला देता है।"
......

"गुमशुदा जिंदगी,
यूँ ही गुम रहती है।
कभी सपनो के पीछे।
कभी कर्तव्यों के पीछे।
यूँ ही छुपती रहती हैं।"
....

"एक बार फिर से,
तलाशो में वक्त बिताया जाये।
छूटे है कुछ वादे जीवन के,
उनको जरा निभाया जाये।
जब तक वक्त है।
जुनून है खून में,
जिंदगी को जन्नत बनाने की जिद में,

हर पल कदम बढ़ाया जाये।"

.....

"तन्हा सफर,
सुनसान रास्ते।
जिंदगी के सफर में,
सबको है काटते।
कुछ हँसते है इन पर।
कुछ रोते हुए,
जिंदगी काटते।
सुनसान रास्ते।"

.....

"तुम्हे सच मे नही याद,
वो पल जो जिंदगी तूने बिताये है।
क्या जाने कितने सितम तूने,
दुनिया वालो पर ढहाये है।
कितने रोये है,
कितनो ने कोसा है तुझे।
और तू कहती है दुनियावाले,
तेरे संग मुस्कुराये है।"

....

"जब जब भटका हूँ ,
अपने संकल्पो से।
जिंदगी ने ठोकर दे गिराया है।
दर्द जरूर हुआ मुझे,
लेकिन सही रास्ता दिखाया है।
आईना बन गयी वो मेरे लिये,
उसने मुखौटे लगे चेहरों को दिखाया है।

फिर उसने मुझे सही राह पर पहुँचाया है।"

....

"अपने लिए भी समय निकालो,
लोग को समय देते हुए थक जाओगे।'
क्या किया तुमने"
तुम्हारे कान यही सुन पायेंगे।"

.....

"हर सांस शिकायत करती है,
तेरे लिए तन्हाइयो में आहे भरती है।
कितने बचे जिंदगी के दिन,
वो सबसे पूछा करती हैं।"

....

"वादा रहा,
खुद का खुद से।
कर्मपथ पर चलते जाना है।
ना हारना है,
ना रूकना है।
गिरकर खुद उठ जाना है।
वादा है , खुद का खुद से।
कर्मफल को पाना है।"

.....

"चुप मत रहना,
अपने हक के लिए,
जो हो उचित कह देना।
नज़रों के भेदभाव को,
कुछ दिन और है सहना।
कभी लिखकर कभी चिल्लाकर,

विद्रोह के स्वरों को स्वर हैं देना।
चुप मत रहना।"

......

"अब क्या गिला,क्या शिकवा,
जब में उस शिखर तक जा चुका हूँ।
ऐ जिंदगी तू सजीव नाटक है,
और मैं हूँ तेरी कहानी का चरित्र।
जितने किरदार निभा सकता था।
उतने निभा चुका हूँ।"

.....

"मन का फूल तुम्हें है अर्पण,
हे महादेव!हे महाकाल।
मेरा चित तेरा ही दर्पण है।
हर कर्म और कर्मफल मेरा।
तुझको ही अर्पण हैं।"

......

"ख़ुद से ख़फा क्यों रहते हो,
अपने मन के खिलाफ क्यों खड़े रहते हो।
अपनी चाहतों को क्यों दफन करते रहते हो।
आखिर क्यों चुनते हो वो राहे।
बार बार क्यों फना होते रहते हो"

......

"दिल लगाके जीते है,
दुःख को भी ,
अमृत मान पीते है।
कर्मपथ है राह हमारी,
प्रेमपथ भी कर्म है।

• | •

उसे कर्म मान चुन लेते है।"

....

"जो काल से परे है।
उस महाकाल की रात्रि है।
जो हर बंधन में बंधा है।
लेकिन अपने में रमा है।
उन शिव की रात्रि है।
आज शिवरात्रि है।"

....

"ये परीक्षा की घड़ी है,
परीक्षा हर पल खड़ी है।
पग पग मेरे संग आगे चली है।
हारना और जीतना चलता रहेगा।
परीक्षा देते रहना।
ये बात सबसे बड़ी है।"

....

चाँद को पाने की हैसियत नही हमारी।
दूर से देखकर ही मन बहला लेते है।"

......

"फूल खिलेंगे,
बस पतझड़ बीत जाने दो।
दुःख के समय मे,
थोड़ा समय बिताने दो।
गिरने दो कुछ बूंदे आंखों से।
उन सूखे पौधो को,
ढंग से सींच जाने दो।"

....

"जख्म सिलते नही,
बस समय के साथ,
यादों में कही दब जाते है।
बने रहते है स्मृति पटल पर,
बस लोगों के लिए भर जाते है।"

....

"तरस गए हम,
ऐ जिंदगी!तुझसे नजर मिलाने को।
"कुछ कहने को और सुनाने को।
दिन और बरसो के,
फेर में फंस गए हम।
तेरी आवाज सुनने को तरस गये हम।"

....

"इन आँखो ने,
बहुत कुछ देखा है।
उत्थान और पतन का,
हर क्षण आँखों देखा है।
प्रेम और क्रोध को,
इन आँखों ने समेटा है।
इन आँखों ने ,
बहुत कुछ देखा है।"

....

"बात इतनी सी है,
बहुत कुछ है कहने को,
पर कहने की हिम्मत नही है।
प्रेम,क्रोध विद्रोह की बाते।
हृदय में यूं ही भरी है।

बात बस इतनी सी है।
प्रेम की डोर यूँ ही,उलझी सी है।
क्रोध और विद्रोह की बाते
,राख में दबी सी है।
बात इतनी सी है।"
....

"रात गुजर जाती है यूँ भी,
"कभी बात करते करते।
जिंदगी के गिले शिकवों को
,दूर करते करते।"

....

"गुलाब ने कहा,
तुझे जिंदगी के हर लम्हो को,
यूँ ही जीना होगा।
खुशी की चाह में,
गम आयेंगे हाथ मे।
उनको भी तुझे पीना होगा।
थोड़ी खुशी के लिए,
काँटो की चुभन को सहना होगा।"
....

"अपने आप नही होगा,
रंग बिरंगे अरमानो का,
धरातल पर वास्तविक होना।
अपने आप नही होगा।
मुसीबतों भर रास्ता,
खुद ही साफ नही होगा।
ठोकरे मारते बढ़ना होगा आगे।

जीवन मे कुछ भी,
अपने आप नही होगा।"

....

"घर छोडकर जाना पड़ता है,
लड़कियों को ही नहीं,
लड़को को भी जाना पड़ता हैं।
घर से दूर होकर,
कर्मों को निभाना पड़ता है।
बहुत पढ़ लिए तुमने कसीदे,
लड़कियाँ घर छोड़ जाती है।
लड़को को काँटो पर चल,
पहाड़ो से टकराना पड़ता है।
लड़कों को भी,
घर छोड़कर के जाना पड़ता हैं।"

....

"पलट आओ मुसाफिर।
अब वापिस आने का समय हो गया है।
मंजिले पाकर घर आने का समय हो गया है।
जितनी पानी थी मंजिल पा ली तूने।
लौट आ अब अंधड़ आने का समय हो गया है।
पलट आ ओ मुसाफिर।
वापिस आने का समय हो गया है।"

....

"बड़ी कीमत चुकाई है,
खुशियों भरा बचपन खोकर,
संघर्ष भरी जवानी पाई।"

....

"आइना धुंधला गया है,
जिंदगी की धूल से।
अपनो के वादों से।
मेरे ख्वाबों के धागों से।"

....

"हाँ दिल एक तहखाना है।
इसमे बहुत कुछ दफनाना है।
बहुत से राज है ।
और ख्वाबों की अनन्त लाशें।
जिनकों दिल मे दफ़नाना है।"

....

"सभी को मयस्सर नहीं ज़िन्दगी,
सब को अपने किरदार निभाने पड़ते है।
जो छलकाते है जाम यूँ खुलेआम।
उनको भी अंधेरों में आँसू गिराने पड़ते हैं।"

....

"आँखे कितना कुछ झेलती है।"
कभी आँसुओ का सैलाब।
कभी दुःख की तेज बरसात।
आँखे हर पल जिंदगी से खेलती हैं।
आँखे बहुत कुछ झेलती है।"

. ...

"हौसला रखिए,
वक्त भी बदलेगा।
और लोगों की निगाहें भी।"

....

"छोड़ देना अच्छा है।

उन आदतों को,
जो समाज के लिए,
खतरा बन जाती है।
अपना ले परम्परा,
दुबारा से वो ही।
अंधविश्वास ही सही लेकिन,
जो तुझे प्रकृति से मिलवाती है।"

....

"ख्वाब के इंतजार मे,
कब तक रुकोगे यारों।
तुम्हें ख्वाब नये सजाने पड़ेंगे।
नही मिला ख्वाब पुराना,
कोई बात नही।
नए वाले को पाने के लिए,
कदम बढ़ाने पड़ेंगे।"

....

"दिन फूलों के बीत रहे है,
पेड़ो से गिरे पत्ते यूँ ही सूख रहे।
ठूँठ बने खड़े हैं पेड़ यूँ ही।
अमृत के लिए शून्य को देख रहे।"

....

"ऐ शाम हमसे कुछ बोल,
चांद तारो के राज ही खोल।
बता ही दे इन रश्मियों को,
तू कहा छिपाती है।
किस रास्ते चाँद तारो को,
तू आकाश में लगाती है।"

....

"दुनिया को जरूरत है,
थोड़ी सांत्वना और थोड़े विश्वास की,
जो दे सके आशा,
ऐसे एक चुटकी प्यार की।"

....

"मुझमे अभी तू जिंदा है,
दबी हुई है मन के भावों में,
यादों का पुलिंदा है।
व्यक्त नही होने देता प्रत्यक्ष तुझे।
अप्रत्यक्ष ही सही है तू,
पंक्तियों में उड़ता परिंदा है।"

....

"अगर भूल भी जाऊँ,
अपना मकसद कभी किसी मोड़ पर,
ऐ जिंदगी ताने मार याद दिला देना।
कभी भटकूँ अपनी राह से कभी,
ऐ जिंदगी ठोकर दे गिरा देना।
कभी गिरूं इश्क के जाल में,
ऐ जिंदगी दिल तोड़ के मेरा,
तू मुझे उठा देना।"

....

"कितना वक्त चाहिए,
ओ बेरहम जिंदगी।
रहमत का झुनझुन देकर,
तू लम्बी मोहलत ले चुकी।"

....

"दिलचस्प है दिल का सफर,
जो आँखों से हो गुजरता है।
रहकर दूर ख्वाबों की महफ़िल में,
परवान चढ़ता है।"

. . . .

"इस दुनिया मे,
कोई खाली हाथ नही आता है।
कोई आता है प्यार लेके।
कोई संघर्षों और कर्तव्यों की,
पोथाली संग लाता है।"

. . . .

"हार ना मानो,
युद्ध तो निरंतर चलता रहता है।
अनन्त है अस्तित्व के संघर्ष की गाथा।
कभी अंत की नही है आशा।
हार न मानो,
ये युद्ध है चलते रहता है।"

. . . .

"बिछड़ते वक्त,
पिजंडे से भी अपनापन लगता है।
मोह-माया का फंदा इसी क्षण,
इंसान के गले मे पड़ता है।
जो फंसा वो पिजंडे में तड़पता है।
जो मुक्त हुआ वो शून्य में,
स्वच्छन्द विचरण करता है।"

. . . .

"किसी से वैर नही मुझको,

मेरा संघर्ष तो खुद से ,
और वक्त से चलता है।
कैसे कह दूं कैसे,
इंसान ने धोका दिया।
उसे तो मौका वक्त ने दिया।
वक्त ही मुझे वैरी लगता है।"

....

"पलट कर देख लेते है,
वक्त के दिये जख्म,
जो सदा हरे रहते है।
याद कर लेते है,
वो चेहरे भी।
जो जख्म देने को,
सदा खड़े रहते है।"

....

"जकड़ लेती है कई बाते,
घूमते रहते हैं जज्बात।
उपजते है द्वेष - क्रोध साथ।
फिर होती है बदले की शुरूआत।"

....

"चुप रहना,
नुकीले तीरो की तरह,
दिल को घायल कर जाता है।
शायद गलती है मेरी,
ये ही बतलाता है।"

....

"राज की बात है,

यूँ उदास रहना।
सुख से दूर हो,दुखी रहना।
रिश्तों से छुपा लेना,
अनजानों से,मन की बात कहना।
बहुत कुछ है सिमटा मुझमे।
जो राज की बात है।"

....

"मन करता मनमानी,
बन्धन तो तोड़
,उड़ना चाहता है।
करना चाहता है,
थोड़ी नादानी।"

....

"मौत तेरा डर नही,
अंतिम लक्ष्य तू ही हैं अब।
लक्ष्यों को पूर्ण कर ,
पल पल बढ़ते जाना है।
तुझसे अब क्या डरना।
जब निःशब्द शांति के लिए,
मौत तुझसे हाथ मिलाना है।"

....

कहा खोए हुए हो,
किसको देखने के लिए,
इतना सोये हो।
जो मिल ना सके जीवन मे,
उसी के संग मेले में खोये हो।
या जीवन के संघर्षों से डरकर,

चैन से सोये हो।"

....

"दिन के किसी कोने मे,
जिंदा है बचपन अभी तक।
बस जिंदगी के फेर में,
अब फसाना नही चाहता।
कर्तव्यों और कर्मो के बोझ से,
दबना नही चाहता।"

....

"हमने सोचा है,
भीड़भाड़ से खुद किनारे हो जाये।
छोड़ आये थे वो गालियाँ,
वापिस उनकी तरफ कदम बढ़ाये।
अनन्त है उन गालियों में।
उस को पाने के लिए,
फिर अकेले ही चला जाये।"

....

"रास्ता नही मिलता,
यूँ हार कर बैठने से,
असमंजस में भी,
चलना पड़ता है।
ये नही तो ,वो ही सही।
यही सोचकर मंजिलो को,
बदलना पड़ता है।"

....

"सब कुछ कहाँ कह पाते है,
कुछ शब्द मन मे रह जाते है।

कभी सम्मान के कारण।
कभी संकोच के कारण।
कई भाव है अनकहे,
जो व्यक्त नही हो पाते है।"

....

"वहम था मेरा,
कर्म मैं करता हूँ।
तेरी सत्ता चलती है।
सदा संग मेरे।
मैं तो केवल उनके,
इशारो पर चलता हूँ।"

....

"अतीत की सुरंग से,
लेकर यादे नई पुरानी।
उनको को हम मिटाते है।
उनकी राख से बना।
कविता कहानी ,
कुछ नई और कुछ पुरानी।
बेशक तुमको सुनाते है।"

....

"मुस्कुराता हुआ फूल,
देखा होगा कभी ना कभी।
उसे बड़े प्यार से देखा जाता है।
हाथ आते है सहलाने को,
लेकिन उसे पौधे से तोड़ा जाता है।"

....

"मैंने कब कहा,

मैं वादा निभाऊंगा।
हवा में सपने दिखाऊंगा।
कोशिश करूँगा लक्ष्य तक जाने की।
ना पहुँचा तो दूसरा लक्ष्य बनाऊँगा।"

....

"हानि लाभ की बात नही।
भावों का लेनदेन गहरा है।
देख लेना ठगे जाओ ना तुम।
हर पल ,हर क्षण,अपनों के द्वारा।
कालनेमि का दिलो में डेरा है।"

....

"वक्त रोकना चाह था,
वक्त गिरा के चल दिया ।
रास्ते मे खड़ी थी जितनी बाधा।
उन को हटा कर चल दिया।"

....

"दूर का सफर है,
धीरे धीरे चलना सम्भल के,
जल्दी चले तो यूँ ही थक जाओगे।
मंजिल तक मुश्किल से पहुँच पाओगे।"

....

""तुम्हें क्या मिला"ऐसा सोचकर।
क्यों जिंदगी को"कोसते जाते हो।
मन्द पड़ जाती है,पैरों की गति ।
ऐसा विचार ही,मन मे क्यों लाते हो।"

....

"खामोश मत रहो,

बस खामोश मत रहो।
तुम्हारे मन मे है ,
जो विचार अच्छे-बुरे,
उन्हें किसी तरह ,
इस दुनिया से कहो।"
....

"थोड़े से सुख के लिए,
अपने परिवार को,छोड़ जाते है लोग।
झोपड़ी से महलो को,
निकल जाते है लोग।
अकेले रहते है महलो में,
महलों के गुण गाते है लोग।
खण्डहर भी आसरा था उनका।
ये बात भूल जाते है लोग।"
....

"समय की रेत फिसलती हुई,
मुट्ठी से निकलती जाती है।
कर्तव्य और कर्म अनन्त है।
जिन्हें निरन्तर पूरा करते है।
लेकिन जिंदगी कम पड़ जाती है।"
....

"गुमशुदा रास्तो पर,
अपनो की तलाश है।
खोई हुई मंजिलो के,
मिलने की आस है।
कोई रास्ता तो जाता होगा।
सुनहरे कल की ओर।

गुमशुदा रास्तो पर
,इनकी ही तलाश है।"

....

"रेत पर लिखा था,
कुछ नाम सुनहरे अक्षरों से,
वो समंदर की लहरों संग ,
समंदर में मिलते चले गये।"

....

"लक्ष्य मेरा ,
मैं बनाता नही।
बस मैं मंजिलो को,
ध्यान में रखता हूँ।
एक मंजिल से,
दूसरी मंजिल पहुँचना है मुझे।
चलना मेरा मकसद है।
इस मकसद को ,
बुलंद रखता हूँ।"

....

"दर्द की अपनी भाषा होती है,
हर दर्द की अपनी परिभाषा होती है।
कुछ दर्द उपजते है जिंदगी के हालातों से।
कुछ उपजते है इश्क के जज्बातों से।
हर दर्द की अपनी अलग मंजिल,
खत्म होने की आशा होती है।
कभी जिंदगी की अधूरी आकांक्षा भी,
दर्द की परिभाषा होती है।
हर दर्द की अपनी अलग भाषा होती है।"

....

"इतराओ मत,
वक्त कभी,
एक सा नही रहता।
वक्त है वो,
किसी का सगा नही।
नही रुकता कही,
बस चलते है रहता।"

....

"बात क्या है,
ना बताती जिंदगी।
भविष्य को अंधेरो मे,
छुपाती है जिंदगी।
गहरे अंधेरे भरे रास्तो मे,
धक्का देती जाती है जिंदगी।
अनदेखी राहो पर चलाती,
मजबूरी का फायदा उठाती जिंदगी।"

....

"देख कर चलो,
जरा दुनिया को भी,
तुम को इसी मे रहना है।
चाहे तुमने बसा ली हो,
अलग दुनिया अपनी।
तुम्हारा इस दुनिया से,
सरोकार गहरा है।"

....

"जाने दो,

जो जाता है।
तुमको समझ नही पाता है।
क्यों चाहिए उसका संग,
जो भावो से खेल जाता है।
व्यर्थ मे ढो रहे हो साथ उसका,
जो संग नही चल पाता है।"

....

"कहने के लिए,
तो बहुत कुछ है।
भाव भी और शब्द भी।
संग मे एक डर भी।"

....

"माज़ी की धूल झाड़ दे,
जो हुआ है अच्छा या बुरा कुछ भी,
उसको पास मे बहती नदिया मे डाल दे।
फिर चल कुछ नया करने को।
बीते हुए माजी को मत कर याद।
बस वक्त के कदमो पर ध्यान दे।"

....

"याद भी बाकी नहीं ,
रखना चाहेंगे तेरी हसीन जिंदगी, नही चाहेंगे की आगे बढने
मे,
मुश्किलों का तू सबब बने।"

....

" तलाश जारी है।
थोड़े से सुख की।
थोड़े से संतोष की।

थोड़े से प्रेम की।
थोड़ी सी शांति की।
पता है सब काल्पनिक है। ले
किन फिर भी,
तलाशते है लोग इन्हे।
दिखावा ही सही,
लेकिन तलाश जारी है।"

....

"गुजर जाते है,
वो पल वक्त के साथ।
नही जी पाए जो पल,
खुशियों के बचपन के।
बस आह भर रह जाते है।
कभी दिखता है बचपन,
खेलता गलियों मे।
ठिठक कर कुछ देर ,
वही रुक जाते है।
अक्सर सिर झुकाए,
उन राहो से गुजर जाते है।"

....

"संस्कारी लड़को की जिंदगी।
बस डरने मे बीत जाती है।
कभी परिवार की इज्जत,
कभी संस्कारो की परवरिश।
कभी बात दिल से ,
निकल नही पाती है।
जो कुछ हिम्मत है,

बची थोड़ी सी।
वो भविष्य और कैरियर की,
चिंता मे डूब जाती है।"
....
"खोना तो मुझको भी है।
खोना तुमको भी है।
नश्वर तो सब है।
मोह के बंधन भी टूटने है।
माया के फेरे भी।
तो कैसा खो देना का डर है।"
....
"मैंने अपने आदर्श,
सीने से लगाये है।
ना खेला है दिलों से
, ना किसी के दिल दुखाये है।"
....
"आसुओ की भाषा,
चुप रहकर भी,
बहुत कुछ कहती है।
कभी दिल के दर्द को,
व्यक्त करती है।
कभी खुशी मिलने पर,
खुद ही बहने लगती है।
आसुओ की भाषा,
बहुत कुछ कहती है।"
....
"जमाने की नजर मे,

तुम क्या हो मायने नही रखता।
तुम को धकेलने को पीछे,
कुछ भी कह देगा जमाना।
जमाने की बात से,
कोई फर्क नही पड़ता।"

....

"सफलता यूँ ही नही मिलती,
तपस्या मान कर,
कर्म को करना पड़ता है।
दूसरो से ज्यादा,
अपने मन से लड़ना पड़ता है।"

....

"हम कुम्हार अपनी माटी के,
कोरे कागज की मिट्टी पर,
हम स्याही बिखेरते है।
भावों से चोट कर कागज पर,
नया संसार उकेरते है।"

....

"बहुत कुछ है,
समझने को, और कहने को।
इंसानो की फितरत, समझ रहा हूँ।
थोड़ा शांत, मुझे रहने दो।"

....

"त्याग दो,
नकारात्मक विचारो को,
जो जीवन की बाधा हो।
प्रेम और मोह के फंदों को,

जिनसे जीवन आधा हो।"

....

"चंदा तेरा रूप,
ये उदास मन रात को,
निहारता रहता है।
जीवन की अपूर्णता पर,
हृदय सोचता रहता है।"

....

"आखिरी साँस तक,
गीता का सार याद रखू।
बस इतना मे चाहता हूँ।
कर्म पथ पर चलू निरंतर।
कर्तव्यों से बंधना चाहता हूँ।
संसार के बंधन से ,
आखिरी साँस तक बचना चाहता हूँ।"

....

"अपनी तरफ भी देखो,
क्यों दूसरो पर नजर टिकाते हो।
क्यों खुशियो और सुंदरता को,
दूसरो मे खोजने जाते हो।
अपनी तरफ भी देखो कभी, अ
चंभित रह जाओगे।
अनहद आनंद और सुंदरता को,
अपने अंदर ही पाओगे।"

....

"दिल की जरूरत है,
जीवन के हर पल को,

आनंद से जीने के लिए।
सुख और दुख के भावों को,
ढंग से समझने के लिए।
कभी प्रेम तो कभी नफरत,
हर भावों को जीने के लिए।
जो हुआ है अनुभव,
उसे कागज पर लिखने के लिए।"

....

"आओ कुछ बाते करे,
कुछ नई तो कुछ पुरानी,
बचपन के यादो की कहानी।
खेलो की कहानी,
कौन हरा कौन जीत।
उन यादों को याद करे।
आओ कुछ बाते करे।"

....

"सब रूप जिंदगी के,
मै जी कर देख चुका हूँ।
पूर्णिमा से लेकर अमावस का सफर,
मै तय कर छोड़ चुका हूँ।
शुक्ल पक्ष की खुशियो, और कृष्ण पक्ष के भय को,
अनुभव कर आगे बढ चुका हूँ।"

....

एक ज़मीं मेरी भी है।
काल्पनिक है लेकिन,
सपनो से सजी सुनहरी है।
अंनत विस्तार है उसका,

सपनो की लगी अंनत ढेरी है।
एक ज़र्मी मेरी भी है।"

....

"कितनी दूर,
चला जाये।
बता दे जिंदगी।
क्या कीमत है ,
खुशियाँ पाने की।
खुशियों के लिए,
तिल - तिल कर,
कितना मरा जाये।"

....

"चाँद जब करीब था,
तब खोये थे तुम,
दुनिया की चकाचौंध मे।
आज जब दुत्कार दिया,
तो चाँद के बारे मे पूछते हो।"

....

"तुम जो चाहो,
जरूरी नही वैसा हो जाये।
चाँद उतर के जमीं पर,
तेरे लिए क्यों आये।"

....

"पहचान मे नही आता,
शख्श आजकल आसानी से।
किसी ने मास्क लगाये है।
तो किसी ने दुपट्टे से मुँह छुपाये है।

गलती मेरी भी है।
चेहरे तो सबके पहचान लिए।
लेकिन आँखो को नही पहचान पाये।"

....

जीवन को स्वीकार करो,
हर बाधा को पार करों।
आशंकाओं से तुम ना हारों।
अवसर मे बदलने की ठानो।
जीवन लगता यदि युद्ध है, तो
अर्जुन बन संग्राम करों।
अच्छा बुरा जैसा है जीवन,
आदर्शों के बल पर पार करो।
जीवन को स्वीकार करो।"

....

"वो दूर का सितारा,
टूटे तो दुआ मांग लूँ ,
सुनहरी किस्मत ही मांग लूँ।
लहराये खुशी की फसले,
ऐसी जीने की वजह माँग लूँ।"

....

"बैठो हमारे रूबरू,
कभी तो बात करो।
आँखों मे आँखे डालकर,
जरा मन की बात करो।
अपनी मृगनैनी आँखो संग,
मुस्कान भी लेकर आओ कभी।
आशिकी की कहानी का,

अलग ढंग से आगाज करो।"

....

"प्रेम रंग मे रंगे रहो,
ये कहना आसान है।
बहुत सी कठिनाई,
प्रेम के रास्ते मे।
जाति,धर्म और कर्म,
ये अवरोध बहुत आम है।"

....

"किस बात की सजा है,
जो तुम मुझे देती हो।
अपनी लत लगा कर।
रूठ जाती हो,
मुँह मोड लेती हो।"

....

उम्मीद की रोशनी,
आयेगी एक दिन जरूर।
बस ये हौसला बनाये रखो।
कर्मो पर अपने भरोसा।
बस बनाये रखो।"

....

"सबको अपना गम प्यारा है,
दूसरो का गम थोड़ा सा तो है।
अपने गम मे संसार का भार सारा है।
अपने गम मे तो आँखे बरस जाती है।
दूसरे के गम की अश्रुधारा नौटंकी कहलाती है।"

....

"उम्मीद की रोशनी,
जो दिखती तो नही,
मन मे घर बनाती है।
ना इनका स्त्रोत कोई,
ना कही से आती है।
कभी शब्दो से,
कभी समय के थपेड़ों से।
हृदय मे स्वतः प्रकट हो जाती है।"

....

"पहले ही बता देना,
ठुकराने से पहले ,
भूलने की राह बता देना।
कैसे निकालना है,
तुझे दिल से।
कोई तरीका तो बता देना।"

....

"प्रिय पार्क!
लॉकडाउन के चलते तुमसे ,
मिलना नही हो पाया।
एक दिन आये थे तेरी तरफ,
गेट पर ताला लटका पाया।
गौर से देखा मैने तुमको,
उदास हो रोता हुआ पाया था।"

....

"प्रिय पार्क!
समझ सकता हूँ व्यथा तुम्हारी।
सुनी लगती है तुम्हे फुलवारी।

बच्चो की याद तुमको सताती है।
झूले पड़े है खाली आज।
ये बात तन्हाई मे ले जाती है।
वो अलग बात है की इन दिनों,
तुम्हारे यहाँ हरियाली छा रही है।
लेकिन बच्चो के बिना ये शांति,
तुमको काटने को आ रही है।"

....

"हजारों मे से किसी एक को,
उसकी मनचाही खुशियाँ ,
जिंदगी से मिलती है ,
बाकी तो जिंदगी से,
समझौता करते रहते है।"

....

"इतनी जल्दी भी क्या है,
तुझे रास्ते बदलने की।
रास्तों को जरा जान तो ले।
रास्ता सही है या गलत,
जरा पहचान तो ले।
वो रास्ता कैसे होगा सही,
जो अपनो से अलग कर देता है।
मेरी मान तो वापिस लौट आ,
पुरानी राहों को अपना मान ले।"

....

"जिंदगी सुन,
कभी दिल की आवाज।
तेरे दिये सारे दर्द,

इस आवाज मे छुपाये है।
लोगो के सामने तो मुस्करा दिये,
कितने दर्द है,
ये हम ही गिन पाये है।"

....

"ना कोई यादो मे थी।
ना कोई जज्बातों मे।
ना जाने किसने नींद चुरायी।
कल की रातों मे।"

....

"अपनी मर्जी के मुताबिक,
ढलना मुमकिन नही।
कोशिश कर सकते है,
बस बराबरी करने की।
इसके अलावा कुछ,
मुमकिन नही।"

....

"तय नही कर पाते हम,
सही- गलत का फासला,
दोनो रास्ते एक से नजर आते है।"

....

"ये ऊँची इमारते,
अच्छी तो बहुत है।
कईयो को बसाती है।
इंसान तो बस जाते है,
इन इमारतों की गोद मे।
लेकिन इंसानियत,

बस नही पाती है।"

....

"जिन्होंने बलिदान दिये आजादी के लिए,
वो इतिहास के किसी कोने मे गुमनाम है।
आज कुछ चंद लोग इसे बपौती बताते है। "
हमने दिलायी आजादी"ये वक्तव्य ,
बडे जोर शोर से दिये जाते है।"

....

"प्रिय सावन,
इस बार तुम्हारा आना,
फीका सा रह गया।
तुझमे समाहित भाव अध्यात्म और उल्लास,
सूने मंदिर देख,
ठगा रह गया।"

....

"दुनिया से यारी है इतनी,
हमे जान से प्यारी है इतनी।
हर बार गमो से है मिलाती ,
हम मुस्कराते है|
गमो को सीने से लगा,
समझ जाओ जिंदगी इतनी प्यारी है।"

....

"प्रिय सावन,
इस बार तेरे मन मे,
दुख अति छाया है।
ना देखे तूने इस बार,
भोले के भक्त प्यारे।

आशा है तुझे,
विरह क्या है, स
मझ मे आया है।"

....

"वापसी का रास्ता खुला है,
जाना चाहती हो चले जाओ।
मैंने तो पहले ही कहा था
दिल को बांधना ना दिल से।
जब चाहो मुक्त हो जाओ।"

....

"बचपन मे जवानी को देखा।
जवानी मे बचपन को देखते है।
जिन्दा है तो मरने की सोचते है।
जब मरेंगे तो जिंदा रहने की सोचेंगे।"

....

"कुछ रातें ऐसी होती है।
ना बातें होती है,
ना मुलाकाते होती है।
कैसे बढ़े आगे,
ये खुद से बाते होती है।"

....

"अपनी सुध भी ले लो प्यारे।
कब तक कर्तव्यों को आगे रख,
खुद को भूलते जाओंगे।
सारी वरीयता को आगे रखकर,
अपने को अंत मे पहुँचाओंगे।
सोचो जरा खुद के बारे मे भी,

जब तुम रहे तभी तो,
कर्तव्य निभा पाओगे।"

....

"तब तुम कहाँ थे,
जब कठिन समय से,
बचपन गुजरा।
अपनों के रूप मे,
जीवन ने धोखा दिया तगडा
। जब आज मे, संघर्षों से उबरा।
तो हिस्सा लेने आये हो।
तब तुम कहाँ थे।
इस सवाल का जवाब लाये हो।"

....

"कौन है ये मेरे आस पास,
यहाँ सवाल मे खुद से पूछता हूँ।
मुखौटो की भीड़ मे,
मैं घुटता हूँ।
कुछ पड़े काम तो,
पीछे हट जाते है।
बेवजह ज्ञान देने आगे आते है।
भीड़ मे अपनों की तलाश करता हूँ।
कौन है ये मेरे आस पास,
खुद से पूछता हूँ।"

....

"सामना तो करों,
जीवन मे आये मुसीबतों का।
कब तक किस्मत पर छोड़,

इन्हे अनदेखा करते जाओगे।
टकराना तुम्हे तब भी है,
और टकराना अब भी है।
तो बताओ कब इनसे टकराओगे।"

....

"है जीवन का मंत्र,
जिसमे है आनंद अनंत।
किसी से उधारी मत कर।
ना कर किसी को तंग।
दिल का लेनदेन मत कर।
रह मस्त मलंग।
अपने कर्तव्यों का कर चिंतन।
अपने कर्म कर।
यही है जीवन का मंत्र।"

....

"अबकी बार, कर थोड़ा इंतजार।
कर्म करने से पहले,
कर ले जरा विचार।
थोड़ा कर्मों को निखार,
फिर जीवन रथ पर हो सवार,
कर युद्ध आर पार।
अंतिम युद्ध लड़,
तू हर बार।"

....

"वो एक रिश्ता।
हमेशा अटूट रहता है।
किसी निजी भाव से परे।

मातृत्व और पितृत्व से,
परिपूर्ण रहता है।"

....

"हर लम्हा इम्तिहान है,
तू संघर्षों से क्यों परेशान है।
पास फेल यहाँ कुछ नही,
जीत हार का खेल महान है।
जो हार कर फिर से खेला,
उसकी अलग पहचान है।
हर लम्हा इम्तिहान है।"

....

"तुम आकर देख लो,
तेरे जाने से नही परेशान है।
हम अपनी मंजिल पाने के लिए,
लगाते पूरी जान है।
प्रेम जैसा कुछ नही जिंदगी मे,
जो संघर्षों से खेला,
वो ही देता सफलता का पैगाम है।"

....

"सूरत नही सीरत बनाओ।
सीरत ही लम्बे समय तक,
अपने को स्थापित कर पाती है।
सूरत तो समय के साथ ढल जाती है।
झुर्रियों के पर्दों मे छिप जाती है।"

....

"जब लड़के अपने अधिकारों के लिए चिल्लायेंगे।
बचपन से थोपे गये विचारों को फेंककर।

वो अपनी इच्छा बताना चाहेंगे।
नही उठायेंगे किसी की जिम्मेदारी।
यह कहकर वो सब कही चले जायेंगे।
करने लगेंगे अपने मन की परिवार नही बसायेंगे।
तब टूटेंगी फेमिनिजम की झूठी दीवारे।
भारतीय संस्कृति के भी चिथड़े उड़ जायेंगे।
फिर किसको दोगे दोष तुम,
जब पुरुष हर जिम्मेदारी से मुकर जायेंगे।"
....
"जरा सी देर मे,
बहुत कुछ बदल गया है।
समय हाथ से निकल गया है।
बचपन छूटा,
जवानी भी छुट रही।
जिंदगी के भंवर मे ,
इंसान फस सा गया है।"
....
"देवी जीवनदायिनी, जीवन दे।
अन्याय के प्रतिकार का,
सबको बल दे।
अहिंसामयी हो जीवन,
ऐसा वर दे।
रणक्षेत्र मे काट सके,
शत्रुओ के सर,
ऐसा निर्दयी मन दे।"
....
"तुम्हारा फैसला था,

दूर जाने का।
हम तो अभी भी,
राह देखते है।"

....

"तन्हाई ऐसी है,
भीड़ मे भी रहता हूँ।
तब भी संग ही रहती है।
जिंदगी का अंग बन चुकी,
अच्छी हो या बुरी,
मेरे संग ही रहती है।"

....

"ज़िन्दगी को मना लीजिए,
जो भी दे रही जिंदगी,
लेकर मुस्कुरा दीजिए जनाब।
रूठी तो रुला कर ही मानेगी,
इसलिए जितने भी मौके दे,
मुस्काते हुए गुजार दीजिए जनाब।"

....

"मेरी दीवार पर लिख दो,
सारे झूठे इल्जाम।
अपने को विद्वान समझ,
आदेश देने वालो,
लिख दो दीवारो पर,
अपना थोथा ज्ञान।
ताकि दुनिया को पता चले,
तुम हो कितने महान।
मुखौटे के पीछे लगे चेहरे को,

दुनिया भी ले पहचान।"

....

"मुक़द्दर हम बनाते हैं,
अपने विचारों से खाका,
खींचते है हर बार।
अपने कर्मों से,
उसे अस्तित्व मे लाते है।
हाथ की लकीरों से,
अब कुछ नही होता,
जो करते है मेहनत,
वो ही सितारों मे गिने जाते है।"

....

"सच्चाई जिन्दा रहती है,
चाहे दबी ही क्यों ना रहे,
उसमे जान तो रहती है।
भीड़ मे अकेले ही खड़ी रहती है।"

....

"हर लम्हा तुझे पुकारूँ,
जिंदगी तुझको ही।
तू जख्म भी तो,
गहरा देकर गयी है।"

....

"धूप बहुत प्यारी लगती है,
धुंध की सफेद चादर से,
छन कर आती है।
धूप बड़ी न्यारी लगती है।"

....

"वो जो प्राणों मे बसा है,
रक्त की हर बूँद मे,
जिसका प्रवाह है।
श्रीराम ही तो है,
नर नारी की श्वास मे।
जाग्रत करने का प्रयास करो,
भीतर ही राम तत्व छिपा है।"

....

अकेले ख़ुश हो तुम,
अकेले हम भी खुश है।
तुम ख़ुश हो बीते कल के लिए,
हम आने वाले कल के लिए ख़ुश है।"

....

"बदल जाओ मगर अच्छे की ख़तिर,
एक बार बीते कल को याद तो करो।
तुमने बदल लिए वैचारिक रास्ते,
अपनों की जिन्दगी की खातिर।
लेकिन ये चमत्कार के नयें रास्ते,
तुम्हारे अपनों को नही बचा पायें है।"

....

"किसी ने पूछा लिया तो,
यही जवाब दे देता हूँ।
इन उदासियों के कारण को,
खुद मे समेट लेता हूँ।
नही समझ पाओगे,
तुम इन कारण को।
नही हो तुम अभी,

अनुभवों के समकक्ष मेरे।
उसके सवालों को,
इसी जवाब पर रोक देता हूँ।"

....

."हार जाना मगर,
कभी मन से मत हारना।
जीतने के लिए,
गलत राहों पर मत जाना।"

....

ज़िन्दगी तेरे लिए,
हम क्या नही करते।
तू है की बसंत दिखा,
धोखा दे जाती है।"

....

"दूर क्यों हो,
किस्मतों के अरमानों।
असल ज़िंदगी मे,
मुक्कमल क्यों नही होते।"

....

"तुमने कभी कहा था,
मिलोगी जिन्दगी कभी।
इस जन्म नही तो,
अगले जन्म ही सही।"

....

"ज़ख्म भर जाते है ऐसे,
जैसे कभी थे ही नही।
लेकिन रक्त की बूंदे,

धीरे धीरे रिसती है।"

....

फूल बिखरे है चारों तरफ,
ना जाने कैसा है ये भ्रम।
हकीकत नही सपना है,
उठने दो टूटेंगे सारे भ्रम।"

....

"खिलौने टूट जाते है,
बचपन के खत्म होते ही।
फिर जिंदगी का खिलौना,
हम बन जाते है।"

....

"दर दर ऐसे भटके हम,
सुकून की तलाश मे।
हमारी तलाश आगे बढ़ती गई,
और हम खुद से दूर होते गये।"

....

"हर क्षण उल्लास हो,
हर ऋतु मे आनंद का वास हो।
हर मन मे श्रीकृष्ण का वास हो।
आत्मा और परमात्मा के मध्य,
पुनः अद्भुत महारास हो।"

....

शरद पूर्णिमा का चंद्रमा,
हृदय में उत्साह जगा रहा है।
बादलों के मध्य छुपकर,
अपनी प्रशंसा लिखाना चाह रहा है।

आज मन करता है
, देखते जाऊँ चंद्रमा को,
हृदय सम्मोहित होता जा रहा है।"

....

"हमने सोचा ना था,
कभी ऐसी भी बात होगी।
अजनबी से किसी मुलाकात होगी।
हमे विश्वास हो चुका था,
चाँदनी रहेगी हमेशा जिन्दगी मे।
हमे क्या पता,
फिर से रात होगी।"

....

"बस इतना याद रखना,
जो आने वाला होगा साथ,
वो खुद ही आ जायेगा।
ना कही जाने की जरूरत होगी,
ना किसी से दिल लगाने की।"

....

"बेल की तरह,फैल जाना।
क्या हुआ गति मंद है,
धीरे धीरे विस्तृत हो जाना।
जमीं से मत होना जुदा,
जमीं को दिल से गले लगाना।"

....

."ये वो मंज़िल नही है,
यहाँ गौण है तेरा अस्तित्व।
तेरी उपलब्धियाँ का अस्तित्व,

दुनिया पूछ रही है।"

....

"फैसला कर लिया है,
स्वयं को पीछे रखने का।
कर्तव्यों से परिपूर्ण,
जीवन को अपना समझने का।"

....

चुटकी भर ख़ुशी के पीछे,
हर कोई भागता है।
लेकिन ख़ुशी भी,
चुटकी भर वक्त के लिए,
गले लगाती है।"

....

"एक आँसू गिरा,
और बहा दे दुखो को।
बस प्रसन्नता के विचारों को,
हृदय मे रखों।"

....

"ज़िन्दगी जन्नत हुई,
जब कर्मों के सार मिल जाते है।
कर्तव्य ही जीवन के लक्ष्य,
जब ये बात समझ जाते है।
मोह और प्रेम तो बंधन है,
लेकिन कर्तव्य समझ,
बंधन भी अपनाये जाते है।"

....

"हमसे इतना भी ना हुआ,

कि हम बचपन की यादें भूल पाये।
भूली बिसरी है यादें,
कैसे इनसे पीछा छुड़ाये।"

....

"ज़रा ज़रा सा जी लिए।
तिल तिल करके मरते है।
ज़िंदगी तो रंगमंच है।
हम किरदार निभाते चलते है।"

....

"कौन नहीं चाहता,
जिन्दगी जीना।
सुख और शांति से रहना।
लेकिन जिन्दगी के रास्ते,
ऐसा होने नहीं देते है।
हर मोड़ पर,
नया बवाल लिए खड़े होते है।"

....

""ज़िन्दगी सिखाती है,
स्वयं संघर्ष करना।
चाहे कितना भी,
सरल हो इंसान।
अपनी असलियत,
ज़िन्दगी खुद बतलाती है।"

....

दुनिया मे इंसान को,
अकेले ही जीना है।
चाहे कितना भी करों प्यार,

संघर्षों मे अकेले रहना है।
ये जिन्दगी सच्चाई है।
फिर न कहना,
तू अकेला है,
तुझे अकेला ही रहना है।"
....

डर नही लगता अकेलेपन से,
फिर भी आदत है तेरी।
बिन बताए मत जाना,
अंधेरों मे गुम होने से पहले,
एक लम्हा जरूर बताना।"
....

"ये तन्हा सफ़रयूँ ही चलता जाता है।
धूप छाव के खेल मे,
इंसान पकता जाता है।"
....

"क्या कुछ भी नही हो रहा।
समय चल रहा है अपनी चाल,
क्या इंसान नही रो रहा।
भूल चुका है अध्यात्म,
भौतिकता के चक्कर मे।
देखो फिर भी,
क्या इंसान नही रो रहा।"
....

"प्रिये!तुम करो शक्ति को आत्मसात,
मैं शिव को आत्मसात कर आता हूँ।
एक नया ग्रन्थ प्रेम विरह का,

इस संसार से लिखवाता हूँ।
जाते है लोग प्रकृति की गोद मे,
प्रेम को यादगार बनाने।
चलो संग तुम मेरे,
मणिकर्णिका घाट घुमा लाता हूँ।"

....

सावन का उल्लास,
भक्ति भी और प्रेम भी,
इस महीने मे एक साथ है।
शिवजी की भक्ति है।
पार्वती जी के प्रेम- संघर्ष,
गाथा से मिलती शक्ति अनायास है।"

....

"किसी का दिल नही दुखायेंगे।
ये वादा खुद से करते आये है।
लेकिन अपने ही दुखाये दिल।
तो ये तो अब झूठा हो रहा।
कब तक सहते जाये ये दुख।
इस वार प्रतिकार करना ही होगा।
अब वादा तोड़ने का समय हो रहा।"

....

"तुम्हारी तरह है ये चाँदनी,
बात बात पर रूठ जाती है।
फिर चाँद भी उसे मानता है,
पीछे पीछे उसके दौड़ा जाता है।"

....

"तुम दिल में ना झाँक सके।

भावों को ना भाप सके।
जो था दिल मे वो चेहरे पर भी था,
बस तुम नजरों से ना जान सके।"

....

"समुद्र की तरह बनो,
जिसके अनंत विस्तार में,
सब खो जाये।
जो भाव हो आत्मघाती,
वो लहरों संग विलीन हो जाये।"

....

"क्यों आज भी मुझे,
तुम्हारी याद आती है।
तुम्हारे संग बिताये लम्हों को।
जिन्दगी मिटा नही पाती है।"

....

"जाने क्या सोचकर,
निकले थे घर से।
क्या पता था,
काँटों के बिस्तर पर,
आँख बंद कर सोना पड़ेगा।"

....

तुम्हारा चेहरा,
जब भी भीड़ मे,
नजर आता है।
बीती यादों का,
लम्हा साथ लाता है।"

....

"धुंध है चारों तरफ़,
ना जाने कौन सा रास्ता,
सही है और कौन सा गलत।
ना जाने पैर किस रास्ते है जाता,
देखते है कहीं श्मशान तो नही पहुँचाता"

. . . .

"ज़रा आँखों को नम रखना,
आँखों में थोड़ा गम रखना।
कम पीना चाय ज़रा,
चाय मे चीनी कम रखना।"

. . . .

"चाँद मेरे साथ चल।
जहाँ है घनघोर अंधेरा,
वहाँ तुझे ले जाना है।
उस घनघोर अंधेरे मे,
उजाला फैलाना है।"

. . . .

"सितारों वाली रात,
यूँ ना कर बर्बाद।
कभी चाँद से पूछो,
कैसे हो यार।
कभी तारों से करो,
अपने मन की बात।"

. . . .

अंधेरों से कह दो,
आज कहीं और बस जाये।
हमारे शहर की गलियाँ,

आज जगमगाती है।"

....

"अपनों का इंतजार है,
कई परिवारों को।
लेकिन वो त्यौहारों पर , आ नही पाते।
वतन के खातिर है, वो सीमा पर तैनात।
उनके परिवार, उनके बिना ही त्यौहार मनाते।"

....

"इश्क़ के पन्ने पर,
कई नाम लिखे होंगे तुमने।
बस हमारा नाम ना लिखना,
वरना पन्ने तबाह हो जायेंगे।
इश्क़ को हम रास ना आये है,
इश्क़ के पन्ने कैसे बच जायेंगे।"

....

तुम्हारी आहट सुनाई दी है,
ख्वाबों मे ही सही,
लेकिन इश्क़ की महक तो कही है।
जो हवाओ मे समायी रहती है"

....

"मैं ख़ुश हूँ मगर,
दिखाना जरूरी नही समझता।
दिल तो है मगर,
कही लगाना जरूरी नही समझता।
कर्तव्यों के पथ पर,
सीधी है जिंदगी,
इश्क़ मे पड़कर इसे उलझाना ,

जरूरी नही समझता।"

....

"जो दिल को भाए,
कभी मिल ना पाए।
तो भाए हुए पर दिल,
काहे लगाए।"

....

मिलकर नव निर्माण करें हम,
शब्दों की ईंटों और भावों के गारे से,
रिश्तों के घर का निर्माण करे हम।"

....

"तूने बहुत मायूस किया,
सपने पूरे होने की आस दिखा दी।
ना जाने कब पूरे होंगे सपने,
जिन्दगी तेरे इस वादे के खातिर,
मैंने पूरी जिन्दगी बीता दी।"

....

"मंज़िल का तो कुछ पता नही पर,
लेकिन जब चले है तो कही पहुँचते ही।
लेकिन सुनहरे अवसर की आस में,
बैठकर हमने जिंदगी बीता दी।"

....

"ख्वाब नही देखा कबसे,
अब ना देखूं कोई ख्वाब,
ऐसी ही अब ईश्वर से आशा है।
अधूरे पड़े ख्वाब मेरे, इ
नसे फैली घनघोर निराशा है।"

....

"तुझे हम चाहते थे,
बस कह नही पाते थे।
कुछ गुरुर था,
हमे अपनी नाक का।
बात की शुरुआत ,
हम कर नही पाते थे।"

....

खिलखिलाकर हँसो तो ज़रा,
कुछ समय के लिए ही सही,
दुख की काली छाया दूर हो जायेगी।
थोड़ी बेचैनी से मिलेगी राहत तुमको,
जिन्दगी जीने की नई वजह मिल जायेगी।"

....

मै कुछ इस कदर रूठा हूँ,
अपने यार से की,
चाहकर भी बात कर नही पाता।
बताने को बहुत कुछ है,
लेकिन गिले शिकवे मिटा नही पाता।
वो तो मस्त है अपनी मौज मे,
लेकिन उसकी भीगी जुल्फों को देखकर भी,
घायल दिल की लिखी शायरी,
उसे सुना नही पाता।"

....

"तेरी यादों के सहारे,
जी रहे है जिन्दगी।
तू तो बीते दिन,

लौटाने से रही।
बीता बचपन तो,
वापिस आने से रहा।
और तू आने वाले कल को,
खुशनुमा बनाने से रही।"

....

"सदा बेहतर होता है,
जो जिंदगी देती है,
जो मेहनत से मिला होता है।
शायद जिंदगी को पता है,
मुझसे ज्यादा की,
मेरे लिए क्या भला,
और क्या बुरा होता है।
जो जिंदगी देती है,
सदा बेहतर होता है।"

....

"नजर रखना अपने दिल पर,
इस कटम काट के खेल मे,
कोई काट ना जाये।
तुम खेलते रहो,
और जिंदगी की बीच्ची,
किसी मोड पर खत्म ना हो जाये।"

....

"वजह ज़रूरी नहीं,
किसी को चाहने,
और ना चाहने के लिए।
इस दुनिया मे बहुत कुछ,

खुद ही होता है।"

....

"पुरुष होना,
काँटों के बिछौने पर सोना,
सब कुछ त्याग,
कर्तव्यों के खेल मे,
खुद की इच्छा को खोना।
यही है पुरुष होना।"

....

"तुमने वादा किया था,
निभाना जरूरी नही।
निभा सको तो ठीक है,
वरना कंधे पर बोझ,
उठाने की जरूरत नही।"

....

"कुछ छूट रहा है,
बहुत कुछ छूट रहा है,
बचपन छूटा,
आशा छोटी,
अब जिंदगी से,
मोह छूट रहा है।"

....

"समाधान हर मुश्किल का है,
बस जरूरत है की,
तुम अवसाद मे ना जाओ,
खोज करो उन संसाधनों की,
जिसे तुम मुश्किल से बाहर आ पाओ।"

....

"अर्थहीन दुनिया लगती है,
अपने जीवन से हीन को हटाओ।
अर्थपूर्ण लगेगी दुनिया,
जरा कदम तो आगे बढाओ।"

....

"हमे क्या ,
फर्क पड़ता है,
तेरे हाँ और ना कहने से,
हम पथरीले रास्तों पर चलने वाले,
यहीं तो हमारी खराबी है।
हम सब कुछ सहन कर चलने वाले,
लड़के वैरागी है।"

....

"आज तो वक्त ही वक्त है,
लेकिन बात करने वाला कोई नही।
जिस दिन वक्त नही होगा।
उस दिन बात करने वाले हजारो होंगे।"

....

"चंद्रमा की तरह बन जाओ,
हर स्थिति मे आकर्षक है।
तुम भी चंद्रमा जैसा,
व्यक्तित्व बनाओ।
जब चमको दो दुनिया देखे।
याद करे दुनिया तुमको,
जब अंधेरे मे गुम हो जाओ।"

....

"ख़ुद को बनाते बनाते,
खुशियों से आगे निकल गये।
ना जाने अब मुक़द्दर में,
खुशियाँ है भी या नही।"

....

"अधूरी ख़्वाहिशों के नाम,
पत्र लिखा था मैंने।
अपनी हर शिकायतों को,
भरा था मैंने।
लेकिन इन ख़्वाहिशों का,
पता इस कदर भूल गए।
वो तो बेवफा थी ही,
हम भी बेवफा बन,
उनका घर भूल गये।"

....

"जिस तरह जिंदगी चलाती रही।
उसी दिशा मे चलते रहे।
आम इंसान की तरह,
जिंदगी के हाथ की कठपुतली बन।
ढलती जिंदगी संग ढलते रहे।"

....

"जो देश की खातिर मरते है।
जिनके परिवारों के त्यौहार,
उनके बिना ही बनते है।
हम सुरक्षित है,
क्योंकि वो सीमा पर इयूटी करते है।"

....

"किताबों का ज्ञान,
किताबों तक रह जाता है।
जिंदगी का संघर्ष,
दुनिया के बारे मे,
अलग ही बताता है।"

....

"तुम्हारे साथ सब,
अच्छा लगने लग जाता है।
जब बात होती है तुमसे,
कुछ पल ही सही,
दिल को सुकून मिल जाता है।"

....

"मनवा बेपरवाह है,
तेरे प्रेम से,
दुनिया के खेल से।
इसको नही दुनिया की परवाह है।
अपने मे हो मग्न,
जिंदगी के रास्तों पर,
चलता है कर जतन।
सही या गलत से,
मनवा बेपरवाह है।"

....

"वो रास्ता,
दो भूमिका निभाता है।
मंजिल तक ले जाता है,
मंजिल से भटकाता है।
निर्भर करता है पथिक पर,

रास्ता भटकाता है,
या मंजिल पर पहुँचाता है।"

....

"कुछ पल जिंदगी के,
खुशनुमा बनाते है।
खाली खाली ही सही,
थोड़ा इश्क़ लड़ाते है।".

....

"वक़्त नही गुजरता,
खाली यूँ ही मैं,
रातों को करवटे बदलता।
कभी होती थी बातें रातों को,
अब रात का समय,
तन्हाइयों मे है बदलता।"

....

"इक पल जो हाथ से छूट गया है,
समझो बहुत कुछ तुमसे रूठ गया।
तुम्हारे अपने निकल गए है आगे,
ऐसे ही नही दिल टूट गया है।"

....

"बदलती कहानियाँ,
वक़्त के संग बदलती है।
लोग बदलते है,
कहानियाँ भी लोग के पास,
पहुँचने को तरसती है।"

....

"इन सूखे पत्तो की तरह,

मै भी बर्बाद होता जा रहा। अ
धूरे काम है बहुत अभी,
मै मौत के पास चलता जा रहा।"

....

"मन है तुझे,
कभी गले लगाने का।
कभी मिलो तो सही,
मन है मिलकर प्यार जताने का।"

....

"कौन समझ पाया है,
जिंदगी के छलावे को,
ये तो हर पल,
छलती जाती है।"

....

"बेकार नही होता,
यूँ ही हाथ पैर चलाना,
तुम्हारी हर कोशिश,
मंजिल की तरफ,
आगे बढ़ाती है।"

....

"मंजिल मिलेगी या नही,
वो अलग बात है।
लेकिन हार मान,
यूँ नही राहों से मुँह मोड़ते।
सफ़र को अधूरा नही छोड़ते।"

....

"जिंदगी की राहों मे,

ऐसे ही तलाशता हूँ ,
अपनी मंजिल को।
और वो मंजिल है,
दिन के उजाले मे भी,
नज़र नही आती है।"

....

"जो बुरे वक़्त मे साथ आये,
जब अकेले चलूँ तो,
संग मे चलना चाहे।
ऐसे लोगों की अहमियत करों,
जिंदगी ने ये सबक सिखाये।"

....

"पल दो पल के लिए,
कर लो खुशियों को आत्मसात।
पल दो पल के लिए,
इश्क के जाल मे एक साथ।
पल दो पल के लिए,
वर्तमान मे जी कर देखो यार।
पल दो पल के लिए,
देखों तो पाओगे खुशियाँ अपने आसपास।"

....

"एक दूजे से दूर,
फिर भी जी रहे है,
होकर मजबूर।
जिंदगी तो है,
फिर भी खुशियों से है दूर।"

....

"कभी इन पत्थरों पर ,
कुरेदे हुए इतिहास को,
महसूस करके देखों,
ये बहुत कुछ बताता है।
संघर्षों की कहानियाँ,
चुप रहकर सुनाता है।
बलिदानों की गाथाएं,
ये इतिहास सुनाता है।
धर्म और जीवन मे से,
चुनना था जब एक।
जीवन का मोह त्याग,
धर्म के हेतु शीश कटा लिए।
ये ही सनातन गाथा है।"

....

"इस पल के बाद,
जिंदगी का ये पल ना होगा।
जी ले खुशियाँ थोड़ी सी,
फिर खुशियों का मौसम ना होगा।"

....

"तूफान बनकर,
विध्वंस करने से अच्छा।
मंद पवन बनकर,
शीतलता दे जाओ।
किसी का घर, उजाइने से अच्छा।
हे पवन, मंद मंद चल,
उसको चैन की नींद सुलाओ।"

....

"ठोकरे खाकर,
हवा के झोंको मे भी,
जलती लौ से,
उम्मीदों को हासिल करे।"

....

"हर एक मुसाफिर का,
सपना वही है।
बस उसे सुकून भरी,
मंजिल की तलाश है।
पल जाये उसका परिवार,
रोटी, कपड़ा और छत की आस है।"

....

"ये घड़ी जिंदगी की,
यूँ ही चलती जाती है।
समय तो नही बताती,
लेकिन असल चेहरे दिखाती है।"

....

"जहाँ जाऊ,
वहाँ तुझको ही पाता हूँ।
तेरी यादों संग,
ही चलता जाता हूँ।"

....

"बंद पड़ी राहों से,
पत्थर हम हटाएंगे।
अपनी मंजिल पाने को,
नई राहे बनाएंगे।"

....

"ज़िंदगी की मोड़ पर,
बहुत से छलावे है।
बहुत लोग है अपने,
उनमे कुछ दिखावे है।"

....

"जीवन मे सुकून की तलाश,
सभी को है।
लेकिन बुद्ध के मार्ग पर,
अब चलना कौन चाहता है।"

....

"उसकी पायल की,
आवाज से कायनात रूक गयी।
वो पहन रही थी पायल,
नजरे पायलों पर टिक गयी।
वो सुंदर है या उसकी पायल,
सोच ही रहा था।
हाय! मेरी नजर ,
उसकी नजरों से मिल गयी।"

....

"इन आँखों मे तो,
सपने हजार है।
पूरे होंगे की नही,
इन आँखों मे,
प्रश्नों का लगा अंबार है।"

....

"एक अलग अंदाज है,
तेरा जो अक्सर मुझे,

तेरे पास खींच लाता है।
नाराजगी तो है,
दिल फिर भी ,
बात करना चाहता है।"

....

"ऐसे ही भटकते रह मुसाफिर,
जिंदगी तुझे पहुँचायेगी कहीं।
बस पता नही,
रास्ता गलत होगा या सही।"

....

"समय रूकता नही,
लेकिन क्या करे,
हम रूक जाते है।
इंसान है यार,
चलते - चलते ,थक जाते है।
पेड़ की छाया मे बैठकर,
सुकून की साँस लेना चाहते है।"

....

"अब और नहीं,
इंतजार होता जिंदगी।
अब बता दे,
कितना और चलवायेगी।
हमेशा छलेगी हमको,
या कभी खुशियों से मिलवायेगी।"

....

"तुमने देखा होगा सपना,
मुझे अपना बनाने का।

लेकिन मैं पहले से ही,
कर्तव्यों को अर्पित हूँ।"

....

"हौसला नहीं हुआ,
दिल की बात कहने का।
दुनिया के लिए,
दिल से बगावत कर बैठे।"

....

"ज़िन्दगी का इशारा मिला,
इन संघर्षों मे सुख का किनारा मिला।
जब लड़ते लड़ते थक गए,
तब ही तेरा सहारा मिला।"

....

"हौसला हो जब,
जलता दीपक भी,
हवा के झोंकों से,
लड़ता जाता है।
बेशक वो हारता है,
और बुझ जाता है।
लेकिन लोगो के दिलों मे,
हौसले का प्रतीक बन,
जुबान पर बस जाता है।"

....

"बस इतनी सी राहत है,
थोड़ी सी सही हो रही जिंदगी।
थोड़ा और मिल जाये, बस इतनी सी चाहत है।".............
"बहुत सताता है,

बीते पलों का याद आना।
तुम क्या समझोगे दर्द को,
कैसी कटी जिंदगी तुमने ना जाना।"
....
"तू मेरी जिंदगी मे,
एक रोशनी बनकर आयी है।
तू है वो परी,
जो उजाला लेकर आयी।
मै तो बैठा था अंधेरे मे,
तूने जिंदगी मे रोशनी फैलायी है।"
....
"तुमसे फासले भी,
इस कदर हुए है।
चाह कर भी,
मिटा नही पाते है।
वो समय फिर से,
गुजारना चाहते है।
बस अब इश्क़ मे,
फिर से गिरना नही चाहते है।"
....
"अंधेरा खिल गया था,
चाँद की चांदनी,
धरती पर छाने से।"
....
"चलो ऐसा कर ले,
कुछ समय भूल कर तुझे।
जीवन मे अपना,

कुछ काम कर ले।
इन पल भर की,
खुशियों को त्याग कर।
जिंदगी की खुशियों के लिए,
थोड़ा काम कर ले।"

....

"तुम कहो हम न मानें,
जीवन की राहों को पहचाने।
मेरी राह अलग है तुझसे,
तू मुझको अपनी तरह क्यों है मानें।"

....

"प्रगति पथ पर अग्रसर होना जरूरी है।
कुछ पाने के लिए खोना जरूरी है।
पल भर की खुशियों को,
त्याग कर रोना जरूरी है।"

....

"यह ज़माना मुझे,
समझ नही आता है।
जितना दिखता है सीधा,
उतना ही उलझा नजर आता है।
मुँह के सामने कुछ और,
पीठ पीछे कुछ और है।
ये जमाना पहेली सा नजर आता है।"

....

"अब सो जाने दो,
बहुत सुलझा ली,
उलझी पहेलिया।

अब नींद के,
आगोश मे,
मुझे जाने दो।"

....

"यूँ ही नही रुकना है।
उसे तोड़ सके तो सही है।
वरना रास्ता बदल,
आगे को बढना है।"

....

"ना राज है ना रानी है,
ना प्यार की कोई कहानी है।
जिंदगी की कुंठा से उपजी,
ये एक कहानी है।
कहानी हमारी ज़रा सी अलग है।
यही दुनिया को बतानी है।"

....

"मै आवारा सा फिरता हूँ,
खुद की तलाश मे,
कही तो मिले,
अंतर्मन का सुकून,
दिन मे या रात मे।"

....

तेरी छूटी हुई यादों का,
तिनका - तिनका समेट रहा हूँ।
कुछ आसू की बूँदे है,
कुछ तेरे अल्फ़ाज,
जिनको खुद मे लपेट रहा हूँ।"

....

"जिम्मेदारी इंसान को,
बहुत कुछ सिखाती है।
उम्र देखकर नहीं आती जिम्मेदारी,
मजबूरी इंसान को जिम्मेदार बनाती है।"

....

"कभी कभी सोचता हूँ,
कभी मै मर भी गया।
तो मेरी लिखी रचना,
मुझे जिंदा बनाएगी।
कैसा था मेरा रचियता,
वो दुनिया को बतायेगी।"

....

"दिल मे चाहत रखना,
जिंदा रहने की।
मैंने कईयो को दिल टूटने पर,
मरते हुए देखा है।"

....

"कौन सोचता है,
अब कल के बारे मे।
लोगो को आज से,
फुर्सत नही मिलती।"

....

"शब्दों की सादगी ऐसी है,
मन के भाव व्यक्त हो नही पाते।
व्यक्त हो भी गये,
जिनके लिए है वो समझ नही पाते।"

....

"जो साथ देते है,
हम उनके साथ रहते है।
जो हमे बदलने की,
कोशिश ना करे।
उनके दिलों के पास रहते है।"

....

"बातों से कहे या इशारों मे बयां करे।
तुम समझ ही नही पाती हो।
ना बातों को और ना इशारों को।
तुम ही बताओ फिर,
एहसास कैसे बयां करे।"

....

"संघर्ष वो दोस्त है,
जो यथा स्थिति दिखाता है।
कौन है अपना और कौन पराया,
खुलकर वो समझाता है।"

....

"इश्क की बात थी,
तुमने इशारा किया,
और कहा रहने दो।
हमने भी मान ली,
तुम्हारी बात थी।
तुमने ही मना कर दिया,
फिर हमारी क्या औकात थी।"

....

"क्या रूक नही सकते थे,

थोड़े दिन दर्द को सहते हुए।
तुम्हारे लिए तो केवल,
राह बदलना जरूरी था।
थोड़ा इन्तजार ही कर लेते मेरे आने का,
प्रेम की राह मे एक पग बढ़ाने का।
लेकिन तुम्हारे लिए राह बदलना जरूरी था।"

....

"खो जाता हूँ,
मै लिखते लिखते,
फिर दुनिया से,
मिलने का कारण ,
मुझे नही मिलता।"

....

"ढूंढने निकला हूँ,
किसी अंजान की तलाश मे।
खुशियों को भी ढूंढना है,
उसी के साथ मे।"

....

"कलम के सहारे ही,
हम इश्क़ फरमा रहे है।
जिसका अनुभव नही,
उसके बारे मे लिखते जा रहे है।"

....

"जब इन्तजार हो,
शांति से बैठ कर कीजिए।
जब तक आये ना वो पल,
खुद को किसी काम मे,

उलझा लीजिए।"

....

"तुमसे होती तो है बाते,
लेकिन होठों पर बात नही आती।
अपने ही फंदो मे फस चुके है,
दिल की बाते दिल मे है रह जाती।
मिलना तो चाहता मै भी हूँ,
लेकिन मिलन की चाँदनी रात नही आती।"

....

"कुछ कर गुज़रना है,
चमकना कुछ इस तरह है,
कईयों के मुँह को बंद करना है।
तारों सा चमकना है,
कईयों को हतप्रभ करना है।"

....

"कोई इंतिहा नही है,
मेरे इंतजार की।
तारीख पर तारीख,
बढती है इंतजार की।"

....

"चाँद तुम्हारी खामोशी,
इश्क़ करने वालों का,
दिल दुखाती है।
ना जानें कितने सवालों के,
जवाब है तेरे पास।
लेकिन तेरी खामोशी,
टूट नही पाती है।"

....
"खोई हुई मोहब्बत,
मेरे किस काम की है।
तू ठुकरा कर गयी,
तूने मोहब्बत बदनाम की है।"

....

"एक ख्वाब है,
पूरा हो जाये,
तो ठीक है।
वरना देखेंगे,
जिंदगी तो,
वैसे ही ख्वाब है।"

....

"जो अचानक से पास आते है,
वो आपकी हैसियत का अंदाजा लगाते है।
वो नही है आपके अपने,
वो केवल अपना फायदा देखना चाहते है।"

....

"ये तो बताओ,
कैसी है वो बाते।
जो नही हुई,
कह तो देते हो।
लेकिन कभी नही बताते।"

....

"एक अप्सरा ने गजब कहर ढाया था,
काली साडी पहन कर सूरज को धमकाया था।
दिन की रोशनी ने भी पलकें झुकायी थी,

जब उसने साडी का पल्लू लहराया था।"

....

"मै रूप बदल लूँगा इस तरह,
हैरान रह जाओगे।
जिंदगी के हर मोड पर,
जिंदगी के हर रस का,
आनंद लेता पाओगे।
मेरे एक रंग से,
एक ढंग से,
दिल ना लगाना कभी।
जब बदलेंगे मेरे,
रूप रंग और ढंग।
तो नफरत के सिवा,
कुछ कर ना पाओगे।"

....

"मनचाह पाने के लिए,
मनचाह खोना पडता है।
खुशियाँ तो मिल जाती है,
उनके लिए रोना पडता है।
बैठे बैठे क्या होता है,
आराम को खोना पडता है।"

....

"ज़िन्दगी की सरगम पर,
इंसान को थिरकना पडता है।
ज़िन्दगी जो भी दे कर्मफल,
इंसान को हँसकर भुगतना पड़ता है।"

....

"जीना आसान हुआ,
या जीना मुश्किल।
वो अलग बात है।
लेकिन अच्छे -बुरे कर्म के लिए,
दुनिया मे इंसान बदनाम हुआ।"

....

"मोहब्बत के नशे मे,
इतना भी मत खो जाना।
हर गलती पर मत डाल पर्दा ,
बाद मे पडे रोकर जाना।"

....

"बात करते हो,
खुशियाँ मनाने की।
सबकुछ भूल ,
घूमने जाने की।
रूठ जाओ तुम्हारी मर्जी,
मेरी आदत नही है मनाने की।"

....

"मुझे औरों को तलाश कर क्या फायदा,
जिंदगी मे उलझन वैसे ही लाजवाब है।
किसी को तलाश लेंगे फिर कभी,
मुझे तो अपनी तलाश है।"

....

"सजा लिया है,
आँखो मे ख्वाब।
पूरा हो या ना हो,
वो है अलग बात।"

....

"दिल में रह जाता है,
बहुत कुछ।
जो समझ नही आता है।
टूटे रिश्ते और टूटे ख्वाबों के साथ,
दिल भरा भरा सा जाता है।
ऐसी ही नही लिखा जाता,
हर शब्द दर्द बयां करता जाता है।"

....

"छू कर देखिये इन किताबों को,
इसमे बहुत ज्ञान समाता है।
तुम्हारे लिए काल्पनिक कहानी है,
लेकिन इनमे जीवन का सार समाता है।
कभी पढिए श्रीभगवद गीता,
हर शब्द जीवन जीने का तरीका बताता है।"

....

"प्यार ना सही,
नफरत ही कर लो कभी।
इसी बहाने दिल मे,
बसे रहेंगे यूँ ही।"

....

"चाँद ठिठुरती ठंड मे,
तेरी हरकतो से परेशान है।
छुप छुप कर देखते हो,
अपनी महबूबा को।
आओ कभी तुम्हे,
मदिरा का जाम दे।

तुम बोल तो पाओगे नही,
अपनी महबूबा से।
चाँद तुम्हारी खामोशी को,
इश्क़ का नाम दे।"

....

"भूलता ही नही ये दिल,
वो बीती यादे,
स्वपन सी मस्तिष्क मे,
वो तैरती रहती है।
इन यादो मे,
कुछ अपनों के कर्म है,
कुछ अपनो के व्यंग वचन।
भूलता नही ये दिल,
वो बहुत सीख देती है।"

....

"सोच समझकर बनाइये।
संकल्प पूर्ण कर सके,
तभी उसे अपनाइये।
वरना चलने दीजिये,
इस जिंदगी को जैसी चलती है।
बिन संकल्पों के भी हसीन है जिंदगी,
बस जिंदगी को जीते जाइये।"

....

"ये साल भी बदलेगा एक दिन,
तब तक इसका लुत्फ उठाये।
और इत्मीनान से इसे देखते जाये।"

....

"निकलता हूँ भटकने के लिए फिर से,
मुश्किल है मंजिल मिल जायेगी।
इस भटकाव का लुत्फ बस इतना है,
इन रास्तों की पहचान हो जायेगी।"

....

"बहुत मशरूफ हो,
तुम इश्क लड़ाने में,
बाहरी दिखावे पर,
मरकर मिट जाने में।
तभी तो गलती हो गई तुमसे
।सच्चे आशिक़ की अहमियत समझ पाने में।"

....

"खिड़की बंद पड़ी है कब से,
"बस तुम्हारी बातों की दरकार है।
खिड़की अब भी खुल सकती है।
बातों की शुरूआत फिर से हो सकती है।
तुम्हारा नंबर अभी भी मेरे पास है।
मुझे बस तुम्हारी दिल की खिड़की से,
बस एक मिसकॉल का इंतजार है।"

....

"समय का साथ चलना था,
बहुत कुछ पीछे छूटागिरकर दिल भी टूटा।
ना हम रुके कही।ना दर्द महसूस किया कभी।
समय के साथ ही आगे बढ़ना था।
मुझे तो अभी मीलो चलना था।"

....

"जब रात की तन्हाई होती है।

कही दिल मे उसकी यादे भी होती है।
भविष्य की चिंता की बाते भी होती है।
बहुत कुछ होता है तन्हाइयो में।
लेकिन सुकून की परछाई नही होती है।"

....

"सुकून की तलाश मे,

दर दर भटकता हूँ।

कभी एकान्त में,

तो कभी शराबखानों में,

सुकून की तलाश करता हूँ।

अनंत मंजिल है सुकून की,

ना जाने इस मंजिल पर,

क्यों मैं चलता हूँ।"

....

"टेढ़े मेढे रास्ते पर,

चलते रहो यूँ ही,

जिंदगी की तरह,

ये भी हर मोड़ पर,

ये भी चौकाते है।

संभल के चलना मेरे दोस्त,

हर मोड़ पर नई परीक्षा ले,

नया सबक सिखाते है।"

....

"उसे पाने की कोशिश मे,

दिखावे बहुत किये जाते है।

बहुत कुछ खो जाता है साहब।

वो अलग बात है कि पाने की चाह में,

आपको खोता हुआ कुछ दिखाई नही देता।"

....

"कही हिन्दी पखवाड़ा ,
और कही हिन्दी सम्मेलन,
आयोजित किये जाते है।
हिन्दी की पूर्णिमा,
एक दिन की होती है।
बाद में स्टेटस भी,
इंग्लिश वाली हिन्दी मे लिखे जाते है।

....

"धूप ढलने लगी है,
शाम चलने लगी है।
मैं भी चला रहा हूँ ,
अब वापिस लौट रहा हूँ।
इन प्रेम की गलियों से।
अब ये प्रेम की राते ढलने लगी है।"

....

"गुजारिश है तुमसे,
कभी इस ओर भी,
कभी नजर फेर लिया करो।
प्यार नही है तो ना सही,
नफरत से ही इक बार ,
इस बंदे को देख लिया करो।"

....

"उसे जाने दिया मैने,
मैं नही था उसके काबिल।
वो मुझसे बेहतर की हकदार थी।

उस बेहतर की तलाश में।
उसे जाने दिया मैंने।"

....

"तितली पूछ रही हमसे,
वो बचपन कहा है खोया।
"तितली उड़ी" की यादो से
,जवानी के सफर तक।
तुमने क्या क्या खोया।"

....

"सुबह का मंजर ये देखो,
आकाश में उमड़ता,
लाल समुंदर तो देखो।
बहुत अरमान जगाता है,
ये अरुण आकाश।
उन अरमानों को पूरा करने का,
संघर्ष तो देखो।
कभी प्रातः उठ कर,
लाल समुंदर तो देखो।"

....

"बदलते मौसम के साथ,
बदलना सीख लेना।
बदलते लोगो को देख,
बदलावो से लड़ना सीख लेना।
हर पल बदलते है लोग,
इस दुनिया मे इसलिये खुद को बदलते रहना।"

....

"समझौता नही करना,

बस कहना आसान है।
असल जिंदगी में ,
हाईवे को भी ,
नीचे झुकना पड़ता है।
जिंदगी में विचारों को भी,
समय के साथ संभलना पड़ता है।"

....

"ये कैसी कश्मकश है,
ये जिंदगी की ।
कभी खतम नही होती है।
रोज रात सोचता हूँ।
नई सुबह की शुरुआत,
करूँगा नही उमंग के साथ।
हर रात इसी सोच के साथ
,हर दिन खतम होती है।"

....

"धूप,मंजिल,हमसफर
तीनो एक दूजे के साथी है।
मंजिल पाने धूप में चलता है,
वो मुसाफिर हर दिन।
ना जाने मंजिल कितनी बाकी है।"

....

"चलते रहिये,
जीवन मे रुकने का नाम नही।
चलते चलते रहना ।
चलते चलते रहना।
रुकना यहाँ आम नही।

राह पथिक तू इस जीवन का,
आराम करना काम नही।"

....

" मैंने निश्चय कर लिया है,
लेकिन बार बार टूट जाता है।
कभी मेरी गलती है।
तो कभी वक्त खेल जाता है।
सोचता हूँ हर बार, उ
से व्यवहार में लाने की।
लेकिन गैरो की वजह से,
समय मिल नही पाता है।"

....

"आज विस्फोटों की आवाज से,
दहशत में है पहाड़।
जड़ो से हिल चुके,
खड़े रहने को मजबूर है पहाड़।
विकास के नाम पर,
घायल किये जा रहे है पहाड़।"

....

"मेरा शब्दों से रिश्ता,
शायद अनन्त से भी गहरा है।
बयां नही कर सकता जुबान से,
समझ लो तुम,
रहस्यों का पहरा है।"

....

"बसी रहती है,
अच्छी बुरी यादें।

किये गए व्यवहारों की,
प्रतिक्रिया और बाते।
बसा रहता है,
भूतकाल का प्रतिबिंब,
किसी ना किसी रूप में,
और तुम कहते हो की,
यादे भूल जाते हो।"

....

"लौट चले हम,
सुनसान पड़ी उन गलियों में,
जिनमे हम कभी खेला करते थे।
उस पथरीली सड़क पर,
जहाँ पर चौक से राज्य बना,
बच्चे अभी भी मेला करते है।"

....

"आहट भी ना हुई,
ना हुई कोई हलचल।
ख्वाब टूटने से पहले,
यूँ ही बीत रहा था हर पल।"

....

"दिन प्रतिदिन के जो ये है कर्म,
सबका भाग्य बनाते है।
कर्मफल से बांध इंसान को,
किस्मत लिखते जाते है।"

....

"अपनी रफ्तार से चलो बस।
ना किसी के लिए,

भागना जरूरी है।
ना किसी के लिए,
धीमा होना जरूरी है।
बस मंजिल पाना जरूरी है।
अपनी रफ्तार से चलते जाना जरूरी है।"

....

"दिल बेदाग रखों,
किसी से नही कोई आस रखो।
कर्म पर हो केवल ध्यान।
तारीफों और बुराइयों से,
अपना दामन साफ रखो।"

....

किसके साथ गुजारे शाम,
आजकल तन्हाइयां भी है गुमनाम।
खामोश सी हो चुकी है जिन्दगी।
अब ऐसे ही गुजरती है हर शाम।"

....

"देर हो जाती है अक्सर,
लेकिन चलना जरूरी है।
मंजिल मिलेगी जरूर ,
लेकिन बिना थके चलना जरूरी है।

....

"वक्त लगेगा,
अकेले चलते चलते,
समझने वाले मिलेंगे।
देर से ही सही।
वक्त लगेगा अकेले चलने में,

मंजिल मिलेगी,देर से ही सही।"

....

"ऐसे समय में ,
जब दिमाग विचारों में उलझा हो।
तमाम मसलो का हल अनसुलझा हो।
किसी फैसले पर पहुँचना हो जरूरी।
तो इस कश्मकश में,
फैसले को टालना बेहतर है।"

....

"कोई जल्दी नही है,
जज्बातों को बयां करने की,
इन्हें विचारों में बदलने दो।
पकने दो इन्हें समय की भट्टी पर
,पककर पन्नो पर उतरने दो।"

....

"इतना आसान भी नही है ,
इश्क़ को भूल पाना।
आज रहा चलते चलते,
फिर से टकरा गया ।
नजरें मिली उसकी,
और मैं फिर से मुस्करा गया।

....

"किसने आवाज दी,
बीते पलो ने पुकारा है।
जैसे कह रहा हो।
याद कर ले मुझे भी,
मैने तेरा क्या बिगाड़ा है।"

....

"सतरंगी यादे,

जो यूँ ही याद आ जाती है।

कुछ बीते है खट्टे मीठे पल।

उनकी याद दिलाती है।

कुछ है भूले हुए हमसफर,

उनकी याद दिलाती है।

सतरंगी यादे ,

यूँ ही याद आती है।"

....

"बुरा तो नही लगा,

कहकर कुछ कहने वाले।

सांत्वना देकर भी,

जले पर नमक छिड़क जाते है।

समय ने ढक दिये थे,

जो घाव धीरे धीरे,

वो फिर कुरेद जाते हैं।"

....

"समझौता कर लेते है।

वो कठोर हृदय वाले पुरुष,

कभी कभी यूँ ही,

अपनो को खुश रखने के लिए।

उनकी नाराजगी से बचने के लिए।

कभी दुःखी होकर ,

कभी खुश होकर,

वो पुरूष समझौता कर लेते हैं।"

....

"कर्म किये जा और जिये जा,
मत कर सही गलत की चिंता,
इस जीवन यज्ञ में ईश्वर को,
कर्मो की समिधा अर्पित किये जा।
कर्म किये जा और जिये जा।
पाप पुण्य में क्या रखा है,
सामने अस्तित्व का संघर्ष बड़ा है।
जो है तेरे अस्तित्व के लिये सही,
वो कर्म निसंकोच हो किये जा।
कर्मयोग का सिद्धांत है ये,
जीवन का आनंद यूँ ही लिये जा।"

....

"ये भी होना था।
कभी सुख था।
कभी दुख था।
कभी कांटो का बिछौना था।
जो घटित हुआ,
बीते हुए कल में,
ये भी तो होना था।"

....

"कुसूर किसका था।
शायद मेरा, उसका।
या हिलोरे खाते सागर का।
जिसकी सीमा का पता नही।
मैं तो उसके दिल को छूने वाला था।
लेकिन सागर अपनी लहरों संग,
अरमानो को डुबोने में चुका नही।"

....

"वो सुबह कब आयेगी,
जब मायूस चेहरों पर ,
आयेगी दमकती मुस्कान।
मुरझाये पौधों पर,
खिल उठेगी फुलवारी।
वो सुबह कब आयेगी।
जब चमकेगी किस्मत,
अचानक हमारी।"

....

"लड़की पूछ रही है
वो समाज कहा सोया।
जो नारी के अपमान पर,
महाभारत को रहता था तत्पर।
वो अहिंसा की चूड़ी पहन,
किस मौन में खोया है।"

....

"जल बुझे सब खवाब मेरे,
अब इन खवाबो की राख बाकी है।
नम होने दो इस राख को मेरे आंसुओ से,
इस राख से खवाबों की शुरुआत होनी बाकी है।"

....

"अपनी कमियों पर रखिये नजर,
कब तक दूसरे की कमियों को जाहिर कर,
अपनी कमियाँ छुपाओगे।
कमियों का अंबार तुझमे भी है।
कब तक उन परतों को बचाओगे।"

....

"मगर सोचने से क्या होगा,
ना परेशानी का हल होगा।
ना सुनहरा कल होगा।
बस अवसाद होगा।
मरता इंसान पल पल होगा।"

....

"हजारों रास्ते है,
जिंदगी तुझसे मिलने के,
लेकिन तू मिलना ही ना चाहे।
तो ये हजार रास्ते भी ना काफी है।"

....

"अगर इक चाय मिल जाये,
तो साक्षात दैवीय कृपा प्राप्त हो जाये।
जो इस ठंड में एक कप चाय पिलाये।
वो महापुण्य अर्जित कर महात्मा कहलाये।"

....

"क्यों चैन नही मिलता दिल को,
क्यों सपने पूरे नही होते है।
काम पड़े हैं अधूरे सारे।
क्यों उद्देश्य पूरे नही होते ।
कम पड़ जाती है ये जिंदगी।
लेकिन कर्त्तव्य मेरे पूरे नही होते।"

....

"सुविधाओ का त्याग जरूरी है,
खुद को पाने के लिए ।
कठिन लक्ष्य तक जाने के लिए।

अपने आरामदायक जीवन को छोड़,
कर्मपथ पर चलते जाने के लिए।
सुविधाओ का त्याग जरूरी हो जाता है।"

....

"छोड़ किताबो को अपने हाथ से,
अग्नि को क्यों उठाया है।
तुम करते हो नालन्दा और तक्षशिला की बाते,
तुम ने खुद पन्नो को फाड़ जलाया है।
जिन हाथों की शोभा है कलम और स्याही,
उन्हें खुद पेट्रोल और डीजल से सुगन्धित कर,
तुमने बसों और ट्रेनों को जलाया है।
तुम दे रहे हो विद्यार्थी होने की दुहाई।
तुमने देश की संपत्ति को खुद अग्नि से जलाया है।
आज नही दोगे तुम अहिंसा की दुहाई,
तुमने खुद भारत का खून बहाया है।"

....

"होठों पर मुस्कान सजाये,
जो अक्सर नजर आते है।
हो सकता है दर्द से भरे हो
,उनके दिल के कमरे।
हो सकता है दुःख से भरे हो
,उनके अतीत के लम्हे।
वो मात्र मुस्कान से,
तुम्हे भ्रम में उलझाते है।
वो होंठों पर मुस्कान सजाए,
अक्सर नजर आते है।"

....

"नजर नही आता,
ना खुशियों का पल,
ना शांति का कोई लम्हा।
चारों ओर दुख की परछाई सा,
अक्स नजर आता है।
पीछे देखता हूँ तो,
बस नृत्य है संघर्षों का ।
आगे क्या देखूँ,
तो अंधेरा ही नजर आता है।"

....

"तुम उस तिलिस्मी किताब की तरह हो,
तिलिस्मी किताब की तरह हो।
जब चाहता हूँ छूटना तुमसे।
तो यादों में समा जाती हो।
जब पढ़ना चाहता हूँ तुम्हे,
तो मै खुद को,
पृष्ठ संख्या एक पर ही पाता हूँ।"

....

"एकान्त क्या है।
कुछ ना होकर भी बहुत कुछ सिखाता है।
खुद से मिलने की आशा है।
स्वयं को परिभाषित करने की कोशिश है।
मंजिल ना पाने की कोशिश है।
मंजिल ना पाने की हताशा है।
शब्दों से परे "एकांत" की परिभाषा है।
समझोगे तुम भी एकांत के मायने,
अभिजीत की ये ही आशा है।"

....
"हाँ, मेरे शहर की फिजा में भी,
मैट्रो वाली गन्दगी घुलने लगी है।
पूरी ना सही, तो आधी ही सही,
मेरी नगरी हाफ मैट्रो बनने लगी है।".

....

"चेहरे पर मुस्कान लाने में,
दिक्कते काफी है।
कह चुका हूँ बातों ही बातों में,
मेरे चारों तरफ उदासी है।
ये तो " कैलाश" की चपलता है।
ये एक मुस्कान भरी छवि,
उस पल की याद दिलाने,
क्षणिक सुख का आभास दिलाने के लिये,
ये एक फोटो काफी है।"

....

"मैं उसको चाहता हूँ,
और वो करती नफरत बेपनाह हैं।
मेरा इश्क अब इबादत है।
अब ना उसके इश्क की चाहत है,
उसकी नफरत पर ही दिल फना है।"

....

"गलती ना थीं मेरी,
परेशान हुआ मैं ,
कसूर था किसी और का,
बदनाम हुआ मैं।
कसूरवार तो पलकों पर बैठा,

उसकी नज़र में बेईमान हुआ मै।"

....

"कुछ लोग साथ चलते है,
लेकिन चुपचाप चलते है।
करते है कांटो को साफ,
लेकिन अपने काम पर नही बात करते है।"

....

"मेरे मन के शब्दकोश में,
अनेक भाव है कहने को,
दिल टूट जायेगा तुम्हरा,
इनकी अभिव्यक्ति तुम रहने दो।"

....

"लोग है मतलबी दुनिया मे,
उनके साथ रहने से बेहतर,
उनसे दूर ही जाना है।"

....

"बडा हुआ तो क्या हुआ,
जैसे पेड खजूर।
पंथी को छाया नही,
फल लागे अति दूर।।
लोकतंत्र तो है,
परंतु शोर से परिपूर्ण।
प्रजातंत्र लठ्ठतंत्र बना,
जनतंत्र से दूर।।"

....

"तुम्हारे लिए मैं मर जाऊ,
ये मैं होने नही दूँगा।

जिंदगी मेरी है,
फैसला भी स्वहित में लूंगा।"

....

"बाहर देखकर"क्या करूँ।

वहाँ भीचुगलखोरों की,

महफिल जमी है।".............

"रुके हुए भावों में,बीती हुई यादो में,

मुझे रहने दो,

बहुत कुछ है कहने को,

आज कहने दो। "

....

"ऐ जिंदगी तुम,

वो अप्सरा हो ,

जिसे हम देखते तो है,

पर कभी मिल नही पाते।"

....

"जो सपने पूरे करने कदम बढ़ते है शहर की तरफ।

वो संघर्ष मे दम तोड़ जाते है।

शहर के रास्ते गाँव की ओर कम ही आते है।"

....

"जो खिला है ,

समय से पहले,

प्रकृति में जीवंत रह ना पाया है"

....

"भाव तो बहुत है कहने को,

शब्द भी पन्नो में सजोने को,

फिर भी कम ही लिखा जाता है।

ज्यादा लिखता हूँ तो,
लय का तार ढीला पड जाता है"

....

"बेरोजगार इंसान हूँ,
तभी तो कवि बन,
कविता बनाता हूँ.
गम मिटने के लिए,
कुछ तो करना है,
तभी कागजों पर,
गम लिखता जाता हूँ। "

....

"केवल चिड़िया ही जानती है,
दाना मिलने पर चहचाहना |
इंसान के बस की बात नही,
इतनी खुशी मनाना"

....

"कब तक बैठोगे ऊंचे मंचो पर,
कब घिरे रहोगे अपने ही चमचो से,
जिसने चुना है तुमको,
उसकी बात सुनो,
जनता की आवाज सुनो।
अपने महलो से बाहर निकल,
एसी की हवाओ को छोड़,
चुनावी वादे याद करो।
बाहर खड़ी है जो भीड़,
उसकी बात सुनो,
जनता की आवाज सुनो।"

....
"मंजिल पाने के लिए चलना जरूरी है।
चमकने के लिए जलना जरूरी है।
इसलिये बेरोजगार है मगर फुर्सत नही है।"
....
"वाणी में बसता है,
हृदय से चलता है,
हर जगह पहुँच जाता है झूठ.."
....
"सब एक दूसरे के पूरक है,
इस दुनिया मे
किताबो से जिंदगी
और जिंदगी से किताबे बनती है..."

....
"वो जिंदगी जिसे स्वप्न में,
देखता हूँ हर बार।
जीने को वो पल,
जिस का करता हूँ,
हर पल इंतजार।
वो ही है पहला प्यार।

....
वो जिंदगी जिसे पाने को,
किस्मत से लड़ने को हूँ तैयार।
कोशिश उसे पाने की करता हूँ ,
दौड़ता हूँ गिरता हूँ हर बार।
वो ही है पहला प्यार।"
"और तुम अपनी दुनिया,

हमारे अंदर ढूंढती हो।
जिससे रूठी है दुनिया,
तुम उसमे अपनी दुनिया टटोलती हो......"
....
"मुसाफिर हूँ जो राह मिलती है,
उसी पर निकल पड़ता हूँ|
जब ठोकर लगती है,
तो सही राह की खोज में,
फिर पुनः चलता हूँ....."
....
"पुरानी राहो पर न चल,
नई राह बनाये|
हम मोह बंधन में बंधकर भी,
ना बंधे चलो बुध्द बन जाये हम|"
....
"हर क्षण बदलता है
खिड़की के अंदर का,
और बाहर का मौसम|
न मेरे हिसाब से चलता है,
न मेरे हिसाब से रूकता है|
कैसे कहूँ की मेरा है मौसम|"
....
"चाँद को किस्मतवाला कहूँ
या बदकिस्मत,
कहना बड़ा मुश्किल है।
उनके प्रेम का साक्षी भी वो है।
और विक्षोह का साथी भी वो है।"

....

"ऋतु चक्र ये चलता जाए।
लेकिन तुम्हे बदल ना पाए।
चलते रहो हरदम।
जियो ऐसे ये जीवन"

....

"कहना तो बहुत कुछ चाहते थे वो,
लेकिन चाहते जिंदगी में बह गयी।"

....

"मुरझा चुके थे फूल जो ,
उनमे भी जान आयी।
तेरे मुस्कुराने से बैमौस ,
बसंत ऋतु है आयी।"

....

"किस से कहे,
दिल की बातें।
हर दिल की तली मे,
छेद हजार है।
तभी हमको,
कोरे कागज से प्यार है। "

....

"तुमको क्यों इतनी जल्दी है,
माना मंजिल दूर है |
तेरीपर रास्ता एक पगडंडी है,
दोनों की मंजिल अलग है|
लेकिन राह तो दोनों में मिलती है,
दोनों एक साथ चले जरा

दोनों मंजिल संग ही है|"

....

"शायद तुम फंस ना जाओ,
उसके प्रेम जाल में,
इसी डर से शायद ,
वो अपना इश्क़ दिखती नही।"

....

"जरा बताये तुम्हे मन की बात,
कितना है प्यार तुमसे,
और कितना तुम पर एतबार|"

....

"उन्हें अनुभव में भी गिनना है
कौन सही कौन गलत
ये पहचान करना सीखना है"

....

"उन गलियों में,
चले जाते है,
मुँह उठाये।
कभी तो नजरो का वो सितम ढहाए"

....

"दिल की गहराइयों में ,
छुपाकर रखा है।
कई राज है दिल मे,
जिन्हे तेरे लिए बचाकर रखा है। "

....

"सजा में मर भी गए,
तो भी अच्छा है |

सनम तेरे नाम के साथ ,
मेरा नाम जुड़कर बात होगी"

....

"सामने सामने चेहरों पर ,
मुखोटे चढ़ जाते है।
सामने सामने ही,
चेहरों से मुखोटे उतारे जाते है।
मुखोटे के अंदर कौन है।
ये तुम क्यों नही बताते हो।"

....

"बचपन की अब याद नही,
अब पहले वाली बात नही।
सावन भी आता है,
लेकिन उसमे झूले की सौगात नही|
अब पहले वाली बात नही"

....

बात क्या है तुम्हारे मन मे,
कुछ क्यों नही कहते हो।
शायद समझ चुके हो दुनिया को,
तभी तो चुप ही रहते हो। "

....

"झाकिये तो जरा।
ये शहर बहुत कुछ कहता है।
बहुत कुछ है इस शहर में जानने को,
इस भागती भीड़ में भी,
वीरान पड़ा खंडहर भी,
अकेले में बहुत कुछ कहता है।"

....
"दुनिया ने हँसाते हँसाते
दिया धोखा है।
अब तो हम रोने की वजह ढूंढते है।"

....

"नही कुछ समझ पाया,
सब कुछ है बिखरा हुआ,
अब तक कुछ भीसमेट ना पाया"

....

"बचाकर रखिये,
दया,धर्म और ईमान को,कागज के टुकड़ों में खरीदे जाते है।"

....

"दिल टूटने पर दर्द ना हुआ।
सपने टूटने पर कौन -सा होगा।
सपने में ही खुश हो लेते है।
क्योंकि पता है हमे,
जिन्दगी में दर्द कभी कम न होगा।"

....

"सोचते बहुत है।
लेकिन अनंत इच्छा,
पूरी हो नही पाती है।
कभी लग जाते है,
बादल आकाश में।
कभी उसकी,
कॉल आ जाती है।"

....

"क्या लिखूँ,

इस जिंदगी पर।
ये तो मुझ पर बरसती है।
सोचता हूँ इस पर लिखने की,
तो मुझ पर ही हँसती है।"

....

"जब तुम समझोगे,
मुझको ढंग से,
फिर मुझसे ही बंध जाओगे।
देख लो दूसरा पक्ष मेरा,
नफरत ना कर पाओगे।"

....

"उस इंसान को।
कितना खोट था उसमें।
प्रेम भरी बातो से,
काम निकलवाना चाहता था।
अपनी मंजिल तक जाने के लिए,
हमे सीढ़ी बनाना चाहता था।"

....

"शक्ति, समर्पण और विजय से सम्बन्ध है गहरा।
औरो के लिए धार्मिक कर्मकांड है।
मेरे लिए उर्जा का स्त्रोत है।
नौ दिनों प्रसन्नता से खिला रहता है चेहरा।
माँ से सम्बन्ध होता है गहरा।
नवरात्रि ,दुर्गापूजा और दशहरा।"

....

"जो बाहर से देखते है।
बाहरी दिखावट पर ,

जान फेंकते है।
जिन्हें पता है असलियत,
वो मुझे देख मुँह फेरते है।
....

अंदर का हाल कैसा है।
वो मैं ही जानता हूँ।
बाहर से कितनी भी,
अमीरी देख लो तुम।
"मैं गरीब हूँ" अंदर की बात ,
मैं ही जानता हूँ।"
....

"ऐ शायर!शायरी हमे भी आती है।
लेकिन हर किसी को,
दिल खोल दिखाया नही जाता।
जहाँ से न हो उम्मीद,
मदद मिलने की,
उसको दुखड़ा सुनाया नही जाता।"
....

"संभल जा जरा।
तेरे हाथ से वक़्त सरक जाएगा।
वक़्त भी तुझ पर सितम ढायेगा।
हँस ले जितना हँसना है टूटे दिल पर।
जब टूटेगा तेरा दिल तो वक़्त भी मरहम ना लगायेगा।"
....

"समय के साथ,रास्ते बदलते है।
लोग भी बदल जाते है।
राज तो तब खुलते है।

• cli •

जब चेहरों से मुखौटे उतरते है।"

....

"जिंदगी के थपेड़ों में,
अच्छे अच्छे बूझ जाते हैं।
जिनकी जिन्दा रहती है इच्छा।
वो ही अंधेरो में दीप जलाते है।"

....

"इस बिखरी हुई दुनिया मे,
सब कुछ बिखरा पड़ा है।
हर शख्स बटोर रहा,
मतलब की चीजें।
खुशियो का ढेर,
कोने में पड़ा है।"

....

"वैसे तो जहन में,
लाखो ख्याल आते है।
कुछ खुशकिस्मत ही है,
जो कागजो पर उतर पाते है।"

....

"वक़्त है की बदल जाता है।
कभी सुख तो कभी दुख लाता है।
प्रकृति पर कहर बरपाता है।
वो वक़्त ही है।
जो जख्मो पर मरहम लगता है।"

....

"जहाँ जीतना था लक्ष्य हमारा।
वहाँ जिंदगी की लहरों से ,

बाहर फेंके गये हम।
हार गए हम।
बचपन मे जवानी देख खुश हुए।
बचपन छोड़ जवानी की ओर भागे।
बचपन की खुशियाँ छूट गयी।
और जिंदगी में पहली बार हार गए हम।"

....

"मैंने तुम पर,
पूरा पन्ना लिख दिया।
तुम्हारे चेहरे को,
कविताओं में बयां कर दिया।
आशिक हूँ तेरा ,
जमाने को बयां कर दिया।
दुनिया की नज़र में खुद को ,
आवारा साबित कर दिया।
कानों में तो तेरे भी,
बात पहुँची है मेरे प्यार की।
फिर भी तुम पूछती हो,
इश्क का इज़हार हमने कब किया।"

....

"ना मुझे चाँद का इंतजार है।
ना मुझे प्यार का इंतजार है।
ना किसी इजहार का इंतजार है।
ऐ जिंदगी मुझे जीवन मे,
दो पल की खुशी का इंतजार है।"

....

"मैं पहले से ही डिस्टर्ब हूँ।

निसंकोच डिस्टर्ब कीजिये।
दरवाजे पर आये आप हमारे।
जरा शोर तो कीजिए।
कभी आकर दिल मे,
हमे डिस्टर्ब कीजिये।"
....

"अगर हार माने ले,
अपने को बेजान मान के|
जो मंजिल मिलनी थी,
वो भी दूर होगी,
तुमको मुर्दा जान के।"
....

"तभी हो पाता है।
जब अंधेरा घना हो जाता है।
मन स्थिर रहता है जब।
तब अंधेरे में उजाला दिख पाता है।"
....

"कही वैसा ना हो
सोचते हुए
जिंदगी निकल जाती हैं।
होता ऐसा वैसा ही है
जिससे जिंदगी दर्द से भर जाती है।"
....

"खुशियाँ थी चली गयी।
अपने थे चले गए।
सपने थे चूर हुए।
अब दुख और तन्हाई है,

रक्त में समाये हुए।
अब कुछ नही ऐसा,
जिससे दर्द हो मुझे।
मान लो अब तुम भी,
खोने को कुछ नही रहा।"
....

"उन फुलझड़ियों के लिए।
खिले और बताशों के लिए।
दीवाली के दिये जलाने के लिए।
दोस्तो संग दीपावली मनाने के लिए।
उन बीते दिनों को फिर से जीने के लिए।
घर जाना है।"

....

"नए बर्तनों की चमक से,
कैलेंडर्स की सुंदरता से,
खिल बताशों की मिठास से,
हृदय में नवीन उत्साह भर गए हैं।
बाज़ार सज गए है"

....

"वृक्षो की सुखी पतियां,
झड़ने लगी।
नवीन कोपलों की आशा,
जगने लगी।
अब तो आस लगा अंधकार में,
देखता हूँ।
मेरे जीवन के स्वर्णिम पल,
तुम कब आओगे।"

....
"हर शब्द में प्रेम भरा है।
भावों में तेरा रूप सजा है
।ध्यान से पढ़ना जरा,
मेरा लिखा हुआ।
उसमे तुम्हारा प्रेम बसा है।"

....
"सब अपने मे व्यस्त है।
जीवन के संघर्षों से त्रस्त है।
कोशिश है मंजिलो को पाने की।
दुनिया मे नाम बनाने की।
जीवन में मिले है घाव कई।
घावों के दर्द से पस्त है।
कौन सुनता है किसीकी,
सब अपने मे व्यस्त है।"

....
"ऐ जिंदगी कोशिश फिर से ,
अधूरी रह गयी।
चले थे मंजिल पाने को,
कही कमी रह गयी।"

....
आज पुरानी राहों से,
आवाज आती है।
भूली बिसरी यादे,
आवाज देकर बुलाती है।
कभी तुम घूमे थे इस गली भी
,ये कहते हुए चिल्लाती है।

आज पुरानी राहों से,
आवाज आती है।"

....

लोगो की छोटी छोटी बातों से,
बातो को कहने के ढंग,
बातो के पीछे छुपे इरादों से,
कभी दिल टूटता है,
तो कभी हृदय पुष्प खिलता है।
बातो से बहुत फर्क पड़ता है।"

....

"आयी ना तुम ,
इस बार भी।
लेकिन तुम्हारा इंतजार,
हमेशा है मुझे।
हर पल हर क्षण।"

....

"एक नई कहानी।
नए रास्तों से,
अनजान बन जाते है।
फिर शुरू करते है,
नई राह से, नई प्रेम कहानी"।

....

"मैं कौन हूँ,
जिंदगी के सफर का,
मुसाफिर हूँ।
नौकरी की तलाश में,
भटकता आशिक हूँ।

जिंदगी के युद्ध मे हारकर,
मैं निराश हूँ।
फिर भी लोगो की,मैं आशा हूँ।
फिर भी अस्तित्व को,
तलाशता हूँ ।
मैं कौन हूँ।"

....

"अब मैंने कुछ भी नही,
बस अब कर्म करते जाना है।
मेरे सोचने से नही बदलेगी,
ये नीरस जिंदगी।
मिलना वही है मुझे,
जो मुझे मिल पाना है।"

....

"अपनी बात किसी को समझना,
किसी की बात को समझ पाना।
बात में कई शब्द,
शब्दों के कई अर्थ निकलते है।
मुश्किल होता है ,
सही अर्थ का पता लगाना।
आसान नही होता ,
शब्दो के खेल को समझ पाना।"

....

"इस बाल दिवस भी,
नेता भाषण देंगे।
चारदीवारी में केक काटे जायेंगे,
बाल दिवस की औपचारिकता,

हम यूँ ही निभाते जायेंगे।
कितने बच्चे आज भी शिक्षा से वंचित है।
कितने ऐसे ही भूखे सो जायेंगे।"

....

"उस भूतकाल को,
अच्छी बुरी यादो के,
उस भंवर जाल को।
जीना वर्तमान में है,
लड़ना भी वर्तमान से है।
आगे बढ़ो जल्दी,
फेंको यादो को,
दिल से निकालकर।"

....

"हजार ढूंढता हूँ,
दुख में भी,
खुशी के पल,
हजार ढूंढता हूँ।

....

"कुछ मन की बात।
मुझसे ना लगाओ कोई आस।
बहुत कुछ है जीवन मे,
कैसे पूर्ण करूँ,
सब की मन की बात।"

....

"उम्मीद रखना कुछ पाने की।
संघर्ष है तेरा कठिन,
कोशिश करना पैर जमाने की।

दिल कितना भी कोमल हो,
वहाँ कठोर कर लेना।
वहाँ संभावना है,
धोखा पाने की।"

....

"लोगो का असली चेहरा,
मन के भाव चेहरों पर,
दिख नही पाते।
दिखाई नही देता,
मित्र और शत्रु का भेद,
इस चक्रव्यूह में ,
अपने पहचान में नही आते।"

....

"छोटी छोटी खुशियाँ जरूरी है।
लेकिन इनका आनंद लेने के लिए,
रुकना जरूरी नही।
ये खुशियाँ उत्साहित करती,
इस जीवन को।
लेकिन प्रमाद से बचना है,
तो तू रुकना बिल्कुल नही।
छोटी छोटी खुशियाँ जरूरी है,
लेकिन रुकना बिल्कुल नही।"

....

"अब मुझसे ये जिंदगी,
जबरन करवाती है।
जब नही करना चाहता हूँ कुछ,
स्वर्णिम स्वप्न दिखा,

जबरन रेस में दौड़ाती है।"

....

"पुरुष होने का अर्थ,
अपने दुखों को,
दुनिया से छुपा देना।
कितना भी कोमल हो हृदय,
केवल कठोरता दिखा देना।
दिल कितना भी मजबूर करें,
मस्तिष्क का फ़ैसला सुना देना।
दूसरों की ख्वाहिश पूरी कर,
अपनी ख्वाहिश छुपा देना।
बहुत कुछ है पुरूष होने का अर्थ,
अपरिभाषित अनन्त सा।
तुम व्यक्त कर सको तो,
मुझे भी कुछ नया बता देना।"

....

"तेरे प्यार की बातें पहुँचती है,
जैसे सूरज से धरा तक,
रोशनी पहुँचती है।
जैसे चाँद की चांदनी से,
अंधेरे की रात चमकती है।"

....

"जो खतरों से खेलता है।
उसके लिये कम ज्यादा कुछ नही।
मार्ग अच्छा हो या बुरा।
वो केवल कर्मपथ देखता है।"

....

"समझौते कर लेते है जिंदगी से,
हर बार जालिम जिंदगी से,
पता है जो चाहिए वो मिलेगा नही।
दुख और धोखे की आरजू रखते है,
इस बेवफा जिंदगी से।
पता है सुख एक पल के लिए,
मिलेगा कभी।
इसलिये समझौते कर लेते है जिंदगी से।"

....

"खुले आकाश में ,
हर कोई उड़ना चाहता है।
लेकिन इस हरी भरी धरती को,
छोड़ना भी कौन चाहता है।"

....

"मैं ही हूँ।
कभी जिंदगी के हाथों की।
कभी अपनो के जज्बातों की।
कठपुतली,मैं ही हूँ

....

"कुछ तो था तुम्हारे हृदय में,
खाली तो नही तुमने नम्बर लगाया था।
प्रेम नही तो मित्रता तो अवश्य थी।
यूँ ही नही तुमने सुबह सुबह जगाया था।
जब सुबह सुबह तुम्हारा फोन आया था।"

....

"चाँद सच बताना।
क्या तुम वास्तव में सो रहे हो।

रजाई में मुँह ढाक कर,
यूँ रो रहे हो।
बीच बीच मे ,
क्यों बादल में छिप जाते हो,
जैसे दुनिया से आँसू छिपाते हो।"

....

"संघर्षा की यादो से,
दिल में चुभने वाली बातों से,
दुख के नशे से चूर हो चुके है।
जगह दे नहीं सकते अब,
दिल मे प्यार की बातों को।"

....

"अपने प्रेम की खबर,
कोशिश प्रेमिका तक पहुचाने की।
कबूल किया तो ठीक है।
नही कबूल किया तो बहुत ठीक।
वरना जिंदगी भर कोसते खुद को तुम।
सजा देते अपनी बात,
उसे बता ना पाने की।"

....

"जो तेरा साथ है।
मुश्किलों से भरा है जीवन।
फिर भी हँस रहा हूँ।
जी भी रहा हूँ।
बस तू ही साथ है।"

....

"फिर से जुबां पर आ ही जाती है।

बातो की इंतेहा हो चुकी।
कमबख्त ये बात खत्म न हो पाती है।
कितने भी सुकून से कर लो बात,
एक बात बच ही जाती है।"

....

बहुत कुछ
कुछ खो जाता है।
बदल जाता है।
जो देखती कल तक।
आज उनकी नजरो में,
अपनापन नजर नही आता है।"

....

"हर स्टेशन पर कोई नया मिलता है।
हर स्टेशन पर कोई अपना उतरता है।
जिंदगी यूँ ही चलती है रेलगाड़ी की तरह।
रिश्ता नया पक्का नही बनता है।"

....

"कही तो मै बैठा हूँ।
मेरा अक्श घूमता है,
उसके जिस्म में खून की तरह।
चाहे वो बोलती ना हो।
राज दिल के खोलती ना हो।
लेकिन इश्क़ करती है,
वो चकोर की तरह।"

....

"अशांत हो चुका है मन,
भावनाओ की अनगिनत लहरे,

हर पल मन को ,
अशांत करती जाती है।
तोड़ बेड़िया बंधनो की,
नष्ट कर सबकुछ ,
कुछ नया करना चाहती है।"

....

"यादों के साये है ये।
बादल की तरह छाए है ये।
खूब सितम ढहाते है ये।
क्योंकि अपने बन कर आये है ये।"

....

"धूप आयी है,
इस ठंड में बड़े दिनों के बाद।
नही है उतना ताप इस धूप में,
जिसके लिये करते थे इसको याद।
लगता है कर लिया समझौता,
इस धूप ने ठंड और धुंध के साथ।"

....

"कई शब्द उकेरे जाएंगे।
कैसा बीता ये साल,
तन्हाइयो संग हर पल।
ये शब्द ही तुझे बतायेंगे।"

....

"मिलोगी तुम,
किसी मोड़ पर।
कब जीवन मे,
बसंत बहार आयेगी।

ना जाने कब,
बंजर भूमि पर,
प्रेम पुष्प खिलाओगी।"

....

"आस ना लगाना तुम,
वो जुनून में चलते है।
ना किसी के कहने पर,
वो रुकते है।
ना किसी के कहने पर झुकते है।
उनमे जुनून है ,
अपनी अलग पहचान बनाने की।
वो मदमस्त हो,
अपनी मंजिल की तरफ चलते है।"

....

"उम्मीद नही,
किसी से मुझे,
फिर भी उम्मीद रखता हूँ।
उम्मीद पर कायम है दुनिया,
सो उम्मीद का दिखावा जरूर करता हूँ।"

....

"तब भी खामोशी पसरी है।
पड़ी है राख दिल के जज्बातों पर,
अंदर भावो की तपिश अब भी है।"

....

"किस्मत पर कभी तो,
अरुण लालिमा आएगी।
चमकेगी कुछ इस तरह,

नभ क्षितिज पर।
दुनिया नजर ना हटा पाएगी।"
....
"किस्मत ने करवट बदली,
रंक भी राजा बन मालामाल हो गया।
जो दुनिया भाग रही थी कल तक गुरुर में,उ
सके सामने खड़े है वो लोग,
उनके गुरुर भी नीलाम हो गया।"
....
"धुंध का अँधेरा,
जिंदगी का अँधेरा।
दोनों में ज्यादा अंतर नही।
एक में दिखता नही,
और दूसरा दिखता नही।"
....
"ना ही चाहूंगा।
प्रेम के धागों से,
मैं बंध नही पाऊँगा।
कर्तव्य और कर्म से,भरा है जीवन।
इसे ही अपनाऊंगा।"
....
"ना आया करो,
मेरे सपनों के दरवाजों पर।
तुम्हारी दस्तक सुनते ही,
दरवाजे खोलने पड़ते है।
जागना चाहता हूँ सपनो से,
लेकिन तुम्हे देखकर,

अपने ये विचार भी,
बदलने पड़ते है।"

....

"दिल मे उदासी घर कर जाती है।
बीते पलो की आहट से,
यूँ ही खुशी खो जाती है।"

....

"जिसमे चाँद तारो की होती है बात।
जिसमे परियो की कहानी है।
केवल खुशी वही ही है।
बाकी दुःख की जिन्दगानी है।"

....

"बस तेरा साथ हो।
ये दिन ऐसे ही चले।ना कभी रात हो।
इस ठंड में भी,बसंत जैसी बात हो।
तेरे चेहरे पर मुस्कान हो।
और तेरा मेरा साथ हो।"

....

कहाँ लेकर चलूँ तुझे।
तू ही बता दुनिया अनजानी सी।
जहाँ बहता नीर हो,
गुलाब की खुशबू हो,
जानी पहचानी सी।
लेकिन मुश्किल है,
मिलेगी दुनिया जानी पहचानी सी।
चल मेरे संग जो दुनिया है,
कविता और कहानी की।

जानी पहचानी भी है ,
और अनजानी सी।"

....

" ऐ जिंदगी,

कुछ प्रश्न इस तरह।

तेरा मेरा रिश्ता है किस तरह।

क्यों खुशियो को तू,

मेरे दरवाजे से मोड़ देती है।

क्यों प्रेम की मंजिल पर,

धोखा दे तोड़ देती है।

तेरा मेरा रिश्ता कैसा है,

इस का जवाब क्यों छोड़ देती है।"

....

"क्यों देख उसके चेहरे को,

तुझे कुछ होने लगा।

तू तो था सख्त लड़का भला,

उसे देख क्यों पिघलने लगा।

क्यों देख उसकी हँसी,

इतनी सर्द लहर में,

तुझमे बसन्त उमड़ने लगा।"

....

"जिसको चाहने का ख्वाब मैंने देखा था।

जिसको पाने से जिंदगी ने मुझे रोका था।

तुम्ही तो थे जिसको देख प्रेम ने,

हृदय में ली अंगड़ाई थी।

तुम्ही तो जिसे पाने की इच्छा से,

मेरे लेखन में प्रेम घटा घिर आयी थी।

तुम्ही तो थे जिसने मेरा ध्यान,
गमों से हटाया था।
तुम्ही को देखकर पहली बार,
मेरे मन मे प्रेम भाव आया था।"

....

"अब नही है भरोसा,
उन गुजरी हुई बातो पे।
खुद पर गुजरी हुई,
साजिशों की सौगातों पर।"

....

"प्यार करने की कोशिश,
मैं भी करता हूँ।
किसी का दिल तोड़ ना दूँ,
इसी बात से डरता हूँ।
अपना दिल टूटे कोई बात नही,
लेकिन टूटे दिल की बददुआ लेने से डरता हूँ।"

....

"ऐ जिंदगी तू क्या जाने,
कितने धक्के खाये थे।
बहुत कुछ पाने की कोशिश में,
बहुत कुछ खोकर आये थे।"

....

"नए साल में मंजिल पाने के,
रास्ते हजार देखते है।
जरूरी तो नही,
उतनी कोशिश करेंगे हम।
उन हजार रास्तों पर चलेंगे हम।

• clxx •

फिर भी मन को सुकून देने के लिए,
चलो ख्वाब देखते है।"

....

"सफर अच्छा रहा अबतक,
ऐसा तुम्हे लगता है।
चांद के बस एक भाग को,
दुनिया ने देखा है।
दूसरे भाग मे अंधियारा,
घना पड़ता है।"..

....

"फिर से लौट जाता हूँ,
शंखनाद और मंत्रों की गलियों में।
शांति का कुछ पल बिताता हूँ।
चक्रव्यूह रचा हुआ है चहुँ ओर,
अब रौद्र शक्ति से ही आस लगता हूँ।"

....

"जिंदगी के दिन यूँ ही कटते जाते है।
धूप और छाँव मे इंसान चलते जाते है।
हर साल मोमबत्तियाँ बढ़ती जाती है।
जिंदगी के दिन घटते जाते है।"

....

"छोटी छोटी चिंगरियां,
आग बन जाती है।
छोटी छोटी बाते,
दिल पर लग जाती है।"

....

पीले रंग की छटा बिखेरते हुए,

मुस्कुराया वसंत।
मौसम मे हल्की गर्मी की,
मादकता ले आया वसंत।
इंतजार तो था कब से,
लेकिन अब आया वसंत।"

....

"तुम्हारे खुशनुमा दिनों के इंतजार मे,
दिन काट रहे है जिंदगी।
लेकिन तू भी बेवफा है,
वसंत दिखा पतझड़ ले आती है।"

....

" लिखते लिखते सीखा है,
शब्दों मे भावों को लिखते जाना।
कागज़ ही अच्छे है,
दिल का हाल बताने को।
बयां कर किसी का दिल नही दुखाना।"

....

"कहाँ रह गए हम,
जिंदगी की भागदौड़ मे।
बस जिंदगी के रास्ते पर,
भागते अकेले नजर आते है।
हुनर देर से आया,
रास्ते पहचानने का।
तभी रास्ते पर,
अकेले चलते जाते है।"

....

"कही गुम हो जाए,

जरा जगह तो बताओ।
जहाँ दुःख ना सताये,
खुशियों की जगह हो तो बताओ।"

....

"तारों की छाँव मे,
सपने सुनहरे पाले है।
पूरे हो जाये काश,
तो हम किस्मत वाले है।"

....

"विश्वास है मुझे,
तुझ पर जिन्दगी।
तू कभी तो,
खुशी का झोका लायेगी।"

....

" जिंदगी एक किताब है।
जिसके अनंत पन्नों पर,
अंकित अनंत भाव है।
जिसमे सुख- दुःख का विस्तार,
छलता है इंसान को बारम्बार है।"

....

उदासी कम नही होती,
वक्त के साथ है बढ़ती रहती।
वक्त और इच्छाओ के समानुपात से,
प्रभावित जरूर है होती।
मरते दम तक,
उदासी हमेशा बढ़ते रहती।"

....

"आज भी मेरा दिल,
बचपन की यादों को समेटे।
जीवंत है यादे सुख- दुख की,
उनको मुस्कान मे लपेटे है।"

....

"रात के कर्जदार है हम,
जो थके हुए को,
चैन की नींद सुला जाती है।
नए दिन के नए संघर्षों के लिए,
नई ऊर्जा दे जाती है।"

....

"वैराग्य यूँ ही प्रत्यक्ष हो जाता है,
किसी स्वजन का दूर जाना,
अक्सर इसको उकसाता है।
ना मंदिरों मे मिलता है,
ना श्मशान की धधकती चिताओं मे।
कभी भक्ति - कभी विक्षोभ,
जब बनता है अकेलेपन का संयोग।
क्षण भर के लिए अपनी झलक दिखाता है,
वैराग्य स्वतः प्रकट हो जाता है।"

....

"आँखों की खामोशी मे,
लफ्ज मेरे पढ सको,
तो निःसंकोच हो पढ लेना।
लिखित है शब्द जो भावहीन,
उनके भावों को समझ सको ,
तो समझ लेना।"

....

"जोर नही चलता दिल पर,
वरना भावों को मार देते ।
सुख की आस नही होती,
दुःखों मे जिंदगी काट देते।"

....

"जिंदगी तू,
छलावे सी लगती है।
दिखाती है सुनहरे कल के सपने,
लेकिन झोली मे दुःखों की रात पड़ती है।"

....

"शिवतत्व को पाने के लिए,
ना एकांत जरूरी है।
ना संसार से दूरी जरूरी है।
ना पूजा है ना विधान है।
स्वयं की स्वतः ही खोज,
शिवतत्व की पहचान है।"

....

"तुम्हें देखने की चाह मे,
रातभर जागना होगा।
जब सो जायेगी दुनिया,
तब तुझे पाने के लिए भागना होगा। .
तुम्हें देखने की चाह मे,
नींद ,उत्सव, सुखसुविधा को,
निश्चित ही त्यागना होगा।
तब भी अनिश्चित है,
तू मिलेगी ही।

तब भी रातभर जागना होगा।"

....

"ढूंढ रहे है,
उन सपनों को।
जिनको कभी देखा नही।
अनिश्चित सी खोज है,
अनजान लक्ष्य।
मिलेगा या नही,
अपनी किस्मत का पता नही।"

....

"ख़ुद मे कैद रहकर,
अक्सर खुद से लड़ता हूँ।
अपने बीते कल से,
पल पल छूटने की कोशिश करता हूँ।"

....

"चाँद की चाह मे,
रात से सामना हो गया।
तलाश तो पूर्णिमा की थी,
लेकिन पहले अमावस से सामना हो गया।"

....

"कुछ सपने है हाथ मे,
जिनके लिए हकीकत रखी है ताक पर।
बस उनके ख्वाब ही अच्छे है,
पता है नही बदलेंगे हकीकत मे,
फिर भी सपने नींद मे लगते सच्चे है।"

....

"सीढियाँ चढता है चाँद,

कभी उजाले का,
तो कभी अंधेरे का,
हर पक्ष मे होता है अवसान।
ना इसका रोशनी से रिश्ता गहरा,
ना है दिल पर अंधेरे का पहरा।
समान दृष्टि से सबको देता सम्मान।
उजाले का भी है,
और अंधेरे का भी,
सीढियाँ चढता चाँद।"

....

"तुमसे दूर होकर ही,
ख्वाब पूरे होंगे जिंदगी।
तेरे साथ रहकर,
तेरे दिया सितम ही याद आयेंगे।"

....

"तेरा एहसास होता है,
संघर्षों का जलता दिया,
हमेशा साथ होता है।"

....

"उसूलों पर चलने वाले,
अक्सर परेशान रहते है।
अक्सर मन की बात रहती है मन मे,
बाहर से बिल्कुल शांत रहते है।"

....

"अब क्या विकल्प है,
अब जो सामने पड़ा,
उसी से हो सकता कायाकल्प है।"

....

"तुम नही आए,
कोई बात नही।
तुम्हे याद ना करे,
ऐसी कोई रात नही।"

....

"जैसे जल उठता है दिया,
संघर्षरत भावों का,
फिर खुशी की तलाश खत्म हो जाती है।
"फिर निश्चित है दुख ही होगा" की भावना,
सहनशील बनाती है।"

....

"एक लम्हें मे कैद है,
अरमान हमारे।
बस उस लम्हें को खोजते है।"

....

"जीवन की मधुशाला मे,
जिंदगी जाम छलकाती है।
अच्छी है या बुरी जिंदगी,
इंसान की समझ मे ना आती है।"

....

"बहुत दिनों से चाह है,
समय को उपयोगी बनाने की।
फिसल रहा है जो बंद मुट्ठी से भी,
चाह है मुट्ठी मे समय बचाने की।"

....

"अकेलेपन ने सिखा दिया।

जीवन कैसा है बता दिया।
अकेले हो या भीड़ मे,
शिकवा नही जिंदगी से।
जिंदगी ने अकेले रहना बता दिया।".

....

"बस ऐसे ही,
हाथों मे हाथ डाल चलती रहो।
खफा हो तब भी,
साथ चलकर वफा करती रहों।
चाहे मौन रहो तुम,
लेकिन जीवन भर संग चलती राहों।"

....

"दूर निकल आया हूँ,
पुरानी राहे छोड़कर।
अब वापस मुड़ना मुमकिन नही।
बहुत से भाव छोडे है,
मोह और डर के,
कई निशान छोडे है।
वापिस उनसे बंधना,
अब मुमकिन नही।
दूर निकल आया हूँ,
पुरानी राहे छोड़कर।
वापिस जाने की डगर पर,
पैर रखना मुमकिन नही।"

....

"तुम्हें जल्दी बहुत थी,
अपना बनाने की।

और हमे आदत थी,
इंसान को समझ कदम बढाने की।"

....

"जरूरत के हिसाब से,
लोग बदल जाते है।
जैसे निकला मतलब,
वो भी निकल जाते है।"

....

"दुनिया एक मेला है,
रहता यहाँ हर कोई अकेला है।
भीड़ मे विवश है,
मुस्कुराता चेहरा दिखाने को।
अपरोक्ष तलाश है ,
किसी अपने को पाने की।"

....

"राहे आसान नही,
जितनी दिखती है।
हर मोड़ पर जान,
गले मे अटकती है।"

....

"यदि मैं चाँद का करूँ निर्माण,
बेजान शब्दों मे डालकर जान।
पूनम की रात हर दिन होगी,
हर दिन निकलेगा पूरा चाँद।
नित खेलेंगी सरिता प्रवाह मे,
चारू चंद्र की चंचल किरणे।
मन को शांति देगा चाँद।"

....

"पास होते हुए भी,
दूर ही नजर आती हो।
जान लेती हो, दुख दर्द सारे हमारे।
ना जाने अपने,दर्द क्यों नही बताते हो।"

....

"पानी से सीखा है,
हर दशा मे ढल जाना।
मूल तत्व को बचाने के लिए,
बाहरी रूप बदलते जाना।"

....

"कभी पास बैठकर सुनो,
बताता हूँ कुछ राज।
कुछ गलतियाँ तुम्हारी,
कुछ कमियाँ हमारी।
हर मुद्दे पर होगी बात।"

....

"कलम कागज पर,
स्याही छोड़ती जाती है।
अपने निशान कागज पर बना,
कोरा कागज तोड़ती जाती है।"

....

"जिंदगी एक चक्रव्यूह है,
जिसमे हर कोई फंसता है।
ना अभिमन्यु है ना अर्जुन, आम इंसान गुजरता है।
ये युद्ध है अनंत का,
जो अनंत से चलता है।"

....

"कुछ राज है ऐसे,
उन्हे राज रहने दो।
हरे ना हो जाये,
कही बताने से।
इन राजों को,
मेरे पास रहने दो।"

....

"इंसान के अनेक रंग है।
किस रंग की करे व्याख्या।
अलग रंग के अलग ढंग है।"

....

"रंग तो सबने लगाया है।
लेकिन जो दिल को रंगे,
वो शख्स अभी नही आया है।"

....

"अचानक याद आया,
किये गए वादों का फलसफा।
लेकिन जब तूने अनदेखा किया,
पता चला वादे टूट गए है।"

....

"कब तक शांत रह करोगे व्यवहार।
दूसरो के तानो का कब करोगे प्रतिकार।
कब तक दूसरों के विचारों का बोझ,
तुमको ढोना पड़ेगा।
कब तक अपमान के भय से,
तुमको चुप रहना पड़ेगा।

कभी तो फूटेगा विद्रोह का अंकुर,
तुम्हे भी कुछ कहना पड़ेगा।"

....

"फिर से काम पर लौट आओ।
अब कर्मक्षेत्र बुलाते है।
त्यौहार ने भर दिया जोश,
अब फिर से कर्म बुलाते है।"

....

"तेरा यूँ मुस्कुराना,
दिल पर बिजली गिराता है।
जो सख्त है दिल मेरा,
उसको भी पिघलाता है।"

....

"दिल के एक कोने मे,
तेरी यादे जिंदा है।
एक कोने मे,
बचपन खेल रहा।
तभी तो खुश है,
गमों से खेलकर भी।
दिल मे छोटा बच्चा जिंदा है।"

....

"हम तो तड़प रहे है,
तुझसे मिलने के खातिर।
युग बीत गये,
विचारों का आदान प्रदान किये।"

....

"मेरी महफ़िल मे,

संभल के ही आना।
झलकते जाम और दर्द के सिवा,
कुछ ना पाओगे।"

....

"बात नही करते मुझसे,
शायद खता हुई है।
या हम पहले जैसे नही लगते।"

....

"जिंदगी देख,
तेरे टेढ़े मेढे रास्ते,
हमे रास नही आते।
तू चला रही है तो चलते है,
वरना हम चलना नही चाहते।"

....

"अक्सर इस जमाने मे,
टेढ़े मेढ़े ही विस्तार पाते है।
नही है सीधे पेड़,
वो ही धरा पर पल्लवित हो पाते है।
मुड़ी हुई कीले,
स्वतंत्र अस्तित्व मे रह पाते है।"

....

"मन मे दुविधा मत रखों,
मन मे दफन कोई बात मत रखों।
जी लो सत् तम और रज गुणों को एक साथ,
शौक को पूरे करने मे संकोच मत रखों।
जब अति से ऊब जाओगे।
खुद ही रास्ते ढूँढने लग जाओगे।"

....

"शिकायत नही दुनिया से,
अब दुनिया की सोचता कौन है।
अपना कर्म अपना जीवन,
इस के सिवा अपना कौन है।"

....

"हमे तलाश है,
जो बिन कहे,
मन समझ जाये।
व्यवहारिक हो,
प्रेम को परिभाषित कर पाए।".

....

"काश पढ़ पाते तुम हमको,
तो समझ पाते,
कर्तव्यों के मुखौटे के पीछे,
हमने कितना प्रेम छिपाया है।
समझ कर भी अनदेखा किया,
कर्तव्यों को पाना चाह है।
जीवन मे पहला कोई मिला है,
जिसने मन का अंदाजा लगाया है।
फिर भी प्रतिकूल है समय,
या किस्मत का खेल।
दिल चाहकर भी ,
तुम्हे अपना ना पाया है।
काश पढ़ पाते तुम।"

....

"दिल एक तहखाना है।

जहाँ दफन है बीती यादें।
अधूरी रह गयी इच्छाओ की,
दफन है लाशे।"

....

"मेरी रातें बीत जाती है।
अरुण की लालिमा संग,
कालिमा हट भी जाती है।
नही बीती है रात,
सिर्फ इस जिंदगी की।
युगों युगों से चलती जाती है।"

....

"तेरी चाहत मे,
कितने बसंत गुजारे है।
अधूरे संकल्पों के साथ,
बीते कितने त्यौहार हमारे है।"

....

"बदलते वक्त के साथ।
आचार विचार व्यवहार बदल जाते है।
जो आदर्श थे कल तक,
वो आज गलत नजर आते है।
जो नियम थे कल तक,
वो कूडे के ढेर मे नजर आते है।"

....

"दूसरों से अलग हूँ।
ना मान की चाह है।
ना अपमान का डर।
खुद मैं संपूर्ण हूँ।

मन विचार गये है ठहर।
अब दूसरों से अलग हूँ।"

....

"कभी कभी वक़्त आता है,
कान मे कह जाता है।
उतार फेंक आदर्श का चोला,
तू भगवान क्यों बनना चाहता है।"

....

"तेरी और मेरी स्थिति एक ही है,
लेकिन रास्ते हमे अलग कर जाते है।
तुझे पहुँचाते है कल्पना पथ पर,
मुझे व्यवहारिक बनाते है।"

....

"तुम्हारा एक एक शब्द ऐसा है।
कानों मे घुलते शहद जैसा है।
जो दिल मे पहुंचकर,
खुशियों की झंकार देता है।"

....

"खो दिया है मैंने,
बचपन और उत्साह को।
इनको जगाने के लिए,
अब एकांत जाना है।"

....

"जब कुछ लिखा ना जाए,
तो छोड़ दो कागज को कोरा,
वो अपनी कहानी खुद कहता है।"

....

"आज भी याद करता हूँ,
तेरी बातों को और यादों को।
तेरी मुस्कुराहट ने,
जब जादू बिखेरा था।"

....

"बहुत दूर आ गया हूँ,
रास्ते बदलते बदलते।
मंजिलों को तलाशते,
अनजान राहों पर चलते चलते।
ना मंजिल मिली है ,
ना पुरानी राहों की शांति।
अब संघर्ष कर रहा हूँ,
पुरानी राहों पर पहुँच जाऊँ दुबारा।
मन अशांत हो चुका है,
रास्ते बदलते बदलते।"

....

"जिद पालनी होगी,
संघर्षों के पथ मे,
हार नही माननी होगी।
नही निकलेगा सूरज कभी,
अपने इस जीवन का।
घनघोर अंधेरे मे,
दीपक ले राहें बनानी होगी।"

....

"हर सपना पूरा नही होता।
कुछ पूरे होते होते रह जाते है।
कुछ मन मे ही दफन रह जाते है।

बन जाते है जिन्दगी के जख्म वो घेरे।
जिनको वक्त भी नही भर पाते है।"

....

"मोह भंग है रिश्तों से,
कई टूटने को बेकरार है।
कब तक कोशिश करे,
रिश्तों को बचाने की,
जब कोई नही तैयार है।
टूटने दो अब रिश्तों की डोर,
कोई शक नही अब।
दिल को भी ,
पतझड़ का इंतजार है।"

....

संसार मे जितने मनुष्य ,
उतने ही रूप मे श्रीराम विराजमान है।
हर संसारिक मानक मे,
मानव को दिखते श्रीराम है।
भिन्न भिन्न दृष्टि के सापेक्ष,
भिन्न भिन्न रूप धरते श्रीराम है।
किसी के लिए बालरूप,
किसी के लिए आदर्श पुत्र श्रीराम है।
किसी के लिए सन्यासी,
किसी के लिए धनुर्धारी श्रीराम है।
किसी के लिए प्रेम का प्रतीक,
किसी के लिए कर्तव्य का।
भिन्न दृष्टि के सापेक्ष,
भिन्न रूपों मे श्रीराम है।"

....

"जो कुछ बचा है,
बचा कर रखिये जनाब।
मित्रता, रिश्ते और अपनत्व,
इंसानों से बना कर रखिये।"

....

"संघर्षों से हार चुके है,
थोड़ी देर सांस लेते है।
गहरी सांस ले,
स्थिति को भाप लेते है।
थोड़ा रुकते है,
फिर जिंदगी को हाथ देते है।"

....

"रात के साये तले,
दुख दर्द कम करते जाते है।
कोई लिखता है कागजों पर,
कोई जाम झलकाते है।
दोनों की मंजिल वही है,
दोनो दुख दर्द कम करते जाते है।"

....

"प्यार वो जख्म है,
जितना मिल जाए,
उतना कम है।"

....

"भुला दिया तुम्हें जैसे,
तुम रात का ख़्वाब हो।
देखने वास्तविक हो,

लेकिन झूठ का लिबास हो।"

....

"वफ़ा की राहों मे,
बेवफाई पायी है।
चल रहे है सुनसान राहो पर,
संग मे बस तन्हाई है।"

....

"यह तन्हाई कह रही है।
तुझे एक साथ की जरूरत है।
टूट रहा है तू और इच्छा तेरी,
तुझे सहारा दे सके,
ऐसे एहसास की जरूरत रही है।"

....

"किताबें वो जज़्बात है,
जो लिखी गई है किसी ओर के द्वारा,
लेकिन तुम उन्हे अपना समझ पढते हो।
कहीं किसी पंक्ति मे तुम्हारे भी भाव छिपे है।
खाली ही नही किताबों को पढते हो।".

....

"माँ का प्यार अलिखित सा है,
शब्दों मे कहाँ सिमट पाता है।
कोशिश है थोड़ा लिखने की,
जहाँ तक लिखा जाता है।
माँ की गोदी से लोरी तक,
देखो चीटी मार दी की ठिठोली तक,
माँ का प्यार प्रत्यक्ष नजर आता है।
चप्पल ,डंडे और झाड़ू से हुई सफाई,

गर्म चिमटे से हुई सिकाई मे,
माँ का प्यार झलक जाता है।
माँ का प्यार,
भिन्न भिन्न रूपों मे दिख जाता है।"

....

"यादों का कारवां,
यूँ ही चलता रहता है।
अध्याय रहते है अधूरे,
नया अध्याय जुड़ता रहता है।
ये सिलसिला जिंदगी का,
यूँ ही चलता रहता है।"

....

"रो पड़ी है जिंदगी,
तन्हा होकर।
अब उसका दिया दर्द भी,
अपना सा लगता है।"

....

"तुम्हारी वो बाते,
हमेशा याद आती है।
टूटे वादों की आहट,
सुनाई दे जाती है।"

....

"रात कहाँ से तू आती है।
थके हुए इंसानों को,
चैन की नींद सुलाती है।
टूटे ख्वाबों के दर्द को,
अपने अंधेरे मे समा,

कुछ पल का सुकून दे जाती है।
रात कहाँ से तू आती है।"

....

"रात ने खबर दी है,
लाशों को सब्र नही है।
इंसानियत मर चुकी,
अब जिंदा लाशें चल रही है।"

....

"यादें कहाँ बसती है।
इंसानी दिमाग मे रहती है।
और बस्ती मे ही भटकती है।
कभी किसी के रूप मे,
कभी किसी की बातों मे बैठ।
इंसान का पीछा करती है।"

....

"जब अपने ही धोखा दे जाये।
भावनाओं को समझ ना पाये।
तब यही उचित है,
की दायरों को सीमित कर लिया जाये।"

....

"कोई शिकायत नही है अब,
अपनो और गैरों से।
वास्तविकता के धरातल पर,
चुपचाप चलते है।
दुनिया कहती है,
हवा मे उड़ता है बंदा।
उसे क्या पता,

अब रास्तों पर,
अपनी तरह से चलते है।"
....
"वो कोई और बात थी,
जो तुम घुमा गये।
बतायेंगे कभी कहकर,
फिर टरका गये।"

....
"अपने सपनो के लिए,
जी लेते है थोड़ा-थोड़ा।
जिंदगी की लडाइयाँ,
चलती रहती है।"

....
काँटे भी बाग की शान है।
कभी गुलाब की डाली पर,
कभी बाग की बाड पर,
कर रहे है रखवाली,
इंसान को इत्मिनान है।"

....
"रात वो आशा है,
जो हर रोज जहन को,
बस इक बात बतलाती है।
कल फिर से करों कोशिश,
हार जीत चलती जाती है।"

....
"रात का फरमान है,
थकाहारा है तू,

सो जा फिर से,
करना फिर कल काम है।"

....

"भागते शहर की,
भीड़ से गुजरती है।
मुखातिब होती है,
हर स्टेशन अनजान चेहरों से।
कभी रेड लाइन,
कभी यलो लाइन से गुजरती है।
नए लोगों की जिंदगी का,
खोजी जरिया बनती है।
एक दूजे को धक्का दे,
लोगो की भीड़ चढती है।
जिंदगी के हर भाव समेटे,
मैट्रो स्टेशनो से गुजरती है।"

....

"नजरिया बदलिए जनाब,
दुनिया मे हर सही,
हमेशा सही नही होता।"

....

"निराशा के अंधेरों से,
मै फिर से लड़ जाऊँगा।
मन के श्मशान मे,
ठंडी हो चुकी चिता को,
फिर से ज्वाला बनाऊंगा।
निश्चय ही हारूँगा,
लेकिन युद्ध का शंखनाद,

करता जाऊंगा।
सिकंदर का हठ आत्मसात कर,
आगे बढता जाऊँगा।
मै अभिजीत हूँ,
मै जीत कर दिखाऊँगा।"

....

"सन्नाटे के नाम ,
कई खवाब हमारे।
जो खो गए सन्नाटे मे,
और हम सन्नाटे को समझते रहे।"

....

"दिल मे रह जाती है बातें,
लोग मिलते - बिछड़ते जाते है।
बस जिंदा रहती है बातें,
जो लोगो की याद दिलाती है।"

....

"मेरे सपनों की कश्ती,
देखों बीच भँवर मे,
कब तक है फँसती।
ना जाने कब किनारों पर,
सपनों की महफ़िल है सजती।"

....

"जिन्हें पिछड़ेपन की,
निशानी मान छोड़ दिया दुनिया ने।
वो चकाचौंध मे कही गुम हो जाते है।
वापिस आ रहे है एंटीक पीस बन,
कभी थी कीमत दस रुपये,

अब सौ रुपये मे बेचे जाते है।"

....

"शिकायते तो तुझसे,
मरने तक रहेगी,
जिंदगी तुझसे।
शिकवों की तू बात न कर ।
जितना दिया है,
उससे ज्यादा लूटा भी है।
चंद सौग़ातों की बात ना कर।"

....

"अकेले रहने का नशा,
इस तरह छा जाता है।
अकेलेपन मे हर भाव समाता है।
अकेला ही इंसान जीवन मे,
जीवन का घटनाक्रम यही बताता है।"

....

"खामोशी के सहारे,
दिन काटते है।
अनंत कुंठाये दबाये है,
वो अपने हृदय मे।
कोई समझ सके इनको,
वो कोई अपना तलाशते है।"

....

"कुछ अधूरापन था,
कुछ अधूरापन रहेगा।
जब तलक कुछ भावपूरे नही होते।"

....

"आजकल रात गुजरती है ऐसे,
रातों का अस्तित्व ना हो जैसे।"
....
"इतना भी मुश्किल ना था।
अंधेरे से हाथ मिलाना।
हम बेवजह नूर तलाशते रहे।"

....
"अब इतना क्या सोचना,
जब छोड़ा है सब जिंदगी पर।
सही गलत कुछ भी हो,
जिन्दगी खुद ही लेगी फैसला।"
....
"कभी शौक,
तो कभी तलब सी है।
सर्दी के जख्मों पर,
मरहम सी है।
जो कभी कभी पीये,
तो दवा सी है।
रोज पीने वालों के लिए,
नशे सी है।
जिंदगी के हर पल पर,
जन्म से लेकर मृत्यु के तल पर।
सब क्षणों मे समरस हो जाती है।
एक कप चाय,
हर माहौल मे घुल जाती है।"
....
"सारा सुकून छीन लिया है,

इन बिन तार के डिब्बों ने।
बचपन मे जमीं पर खींचे,
चार खाने ही अच्छे थे।"

....

"गुजरे पल,
जितना भूलना चाहों,
उतना याद आते है।
कुछ क्षण का ही सही,
दुख दे जाते है।
ये कहना है मुश्किल,
गुजरे पल बीत जाते है।"

....

"जब अंधेरा घना छा जाये,
दिखे ना कुछ भी,
ना कुछ नजर आये।
बढ़ा लेना कदम अपने,
आगे ही है उजाला।
तेरे डर से कही,
तू पीछे ना रह जाए।"

....

"जिन्दगी कहाँ है तू,
किसी अपने के इंतजार मे,
या किसी धोखे की तलाश मे,
किसी मोड पर छुपी है तू"

....

"नींद तुम रूठों ना मुझसे,
सपनों की रात से मिलने का,

तुम एकमात्र सहारा हो।
खुश हो जाता हूँ,
जिस दूसरी दुनिया मे प्रवेश कर,
उस दुनिया का एक मात्र द्वारा हो।"

....

"इन आँखों मे,
जिंदगी का,
हर किस्सा सजा है।
उच्चता के शिखर से,
निम्नता के गर्त का,
आँखों मे हर क्षण बसा है।
अधूरी इच्छा की कब्र है,
नवांकुरित इच्छाओ का पुष्प भी।
इन आँखों मे जिन्दगी का मर्म सजा है।"

....

"ज़रा जिंदगी के समुंदर मे उतरों।
किताबों के सिद्धांतों से बाहर तो निकालों।
एक बहुत बड़ा मतभेद पाओगे,
इस समुंदर मे जहाँ भी नजर घुमाओगे।
इस समुंदर मे शाश्वत कुछ भी नही,
पलभर मे सत्य तो असत्य होंगे।
ज़रा जिंदगी के समुंदर मे उतरों,
सही गलत के फेर से निकल ना पाओगे।"

....

"बहुत कोशिश की मैंने,
लेकिन असमंजस रह जाता है।
काले मेघों को देख,खुश होता हूँ।

• cc •

लेकिन विप्लव का ख्याल आ जाता है।
कभी कोशिश करता हूँ,
शांत रहने की।
संघर्ष दरवाजा खटकटाता है।
ये जीवन है महाभारत,
शांतिपर्व अंत मे लिखा जाता है।"

....

"तुम्हारे करीब होने से,
इश्क की आहट आती है।
बचना चाहता हूँ,
जिस फंदे से।
तुम्हारी आहट,
उसी फंदे मे फंसाती है।"

....

"एक एक साँस अपनी,
खींचते हुए,
कोरे पन्नों की खुशबु को,
आत्मसात करता हूँ।
इस दौड़ती जिंदगी मे,
बचपन को याद करता हूँ।"

....

"आना जाना लगा रहेगा,
जन्म से मृत्यु का क्रम ,
यूँ ही बना रहेगा।
कई प्रतीक्षारत है,
जन्म- मृत्यु के लिए।
निश्चय ही,

दुनिया का अस्तित्व बना रहेगा।"

....

"दिल पर दस्तक देने वाले,
कम ही मिलते है।
जो मौन बातों को,
बिन कहे सुनते है।
बहुत कम है,
संग काँटों पर चलने वाले,
महलों के सपने सब बुनते है।"

....

"दिल के किसी कोने मे,
अभी भी अल्फाज जिंदा है।
जिंदगी के बोझ तले दबे,
बचपन के साझ जिंदा है।
कभी तो मुक्त होंगे,
इस आस मे ख्वाब जिंदा है।"

....

"करवाचौथ का चाँद,
प्रतीक है सुहाग के प्रति प्यार का।
आस्था और विश्वास का।
एक जिम्मेदारी,
जो पीढ़ी दर पीढ़ी चलती है।
जीवंत है कुलवंश इस बात का।"

....

"ख़ुद ही उलझ गए हैं,
जिंदगी सुलझाने के चक्कर मे।
अब अपने सिवा,

सब सुलझे लगते है।"

....

"विचार लिखे नही लिखवाये जाते है।
मै नही तो कोई और सही।
किसी ना किसी तरह,
कागजों पर लाये जाते है।
विचार लिखे नही लिखावाये जाते है।"

....

"दिल का दिया,
बुझा हुआ है।
कुछ यादों से,
घिरा हुआ है।
कोशिश कर भी,
नही जलता है दिया।
अधूरी इच्छाओं से भीगा हुआ है।"

....

"जितनी साँसे हमे मिली है।
जी चुके खुशी से।
लेकिन अब भी,
बहुत शेष बची है।
मृत्यु के इंतजार पर,
अब ये साँसे भारी पड़ी है।
अगर होता विनिमय इनका,
तो ले लेते चंद खुशियाँ।
साँसे तो है लंबी,
अब खुशियों की कमी है।"

....

"विचारों का द्वंद होता है।
टकराते है सिद्धांत और यथार्थ।
अंतः समुद्र मंथन होता है।
पहले होता है आत्मघात का वार।
फिर होता है एकाकीपन से प्यार।
उसके बाद विरक्त भाव उत्पन्न होता है।"

....

"जिंदगी के साथ बहते जाते है।
थपेड़ों संग किनारों पर टकराते है।
गोता लगवाती है जिंदगी जैसे,
वैसे गोते लगाते है।
जहाँ बहाकर ले चले जिंदगी,
जिंदगी के साथ बहते जाते है।"

....

"दिल रोता क्यों है,
जिंदगी के जख्मों को हरा कर,
बीते कल मे खोता क्यों है।
ना जाने दिल रोता क्यों है।"

....

"कभी कभी चाहत हो ही जाती है।
किसी को दर्द सुनाने की।
जो ना कह सके किसी से।
वो बातें किसी को बताने की।"

....

"कभी खुद से भी मिल लिया करों,
कब तक दूसरों को पढ़ोगे।
कभी मिलो खुद के अस्तित्व से भी,

कब तक दूसरों के अस्तित्व को खुद मे गढ़ोगे ।"

....

"दुनिया नही समझती,
लड़कों के दर्द को ।
बचपन से बांधे गए,
विचारों से पडे जख्म को।
खुद ही कंधों पर आती,
जिम्मेदारी से झुकते कंधो के दृश्य को।
दुनिया नही समझती,
लड़कों के दर्द को।"

....

किसलिए कमजोर पड़ जाते है,
निरंतर आने वाले संघर्षों से हार जाते है।
कभी थक जाते है चलते चलते।
कभी अपनो की वजह से हार जाते है।"

....

"सब कुछ पहले जैसा है,
बस बदला है सिर्फ मौसम।
सड़क भी पहले जैसी है,
सड़क को खुद मे समेटे,
धुंध की चादर नई है।
बाकी सबकुछ पहले जैसा है।
बस मे स्थान भी निश्चित है,
ठंडी हवा का झोंका नया जैसा है।
तीन चार चेहरे निश्चित है सफर मे,
बाकी मे परिवर्तन होता रहता है।
बस इतना ही परिवर्तन होता है,

बाकी सब कुछ पहले जैसा है।"

....

"ये रात बावरी।
कभी काली।
कभी विभावरी ।
ये रात बावरी ।"

....

"कौन चाहता है,
किसी का दिल दुखाना।
लेकिन जिंदगी करवट लेती है,
ना चाहते हुए ,
दिल दुख ही जाता है।"

....

"वो मुड़कर नही आने वाला।
जो समय बीत रहा है,
वो कहा किसी के लिए रुकने वाला,
वो मुड़कर नही आने वाला।"

....

"प्रिय दुनिया,
तू हमेशा अठखेली करती है।
कितनी भी कर लो मिन्नते।
मजाल है की तू सुधरती है।
दिल तोड़ती है।
सपने तोड़ती है।
बता किसी की अपनी तू बनती है।"

....

"ख्वाबों का आशियाना,

हर बार बनाकर देखा है।
हर बार टूट जाता है,
कभी पूरा नही होता है।"

....

"ना जाने कैसे,
मुसाफिर पहुंचेगा,
मंजिलों तक,
जिसका पता नही।"

....

"तारों की महफ़िल,
चाँद अकेला है।
सुनसान रास्तों पर,
किसी का अरमान अकेला है।"

....

"गम की दुनिया मे,
तू फरिश्ता बनकर आयी थी।
खुशनसीब हम भी थे,
कुछ वक़्त के लिए।
जब नजरे नजरों से टकराई थी।".

....

"रात आँगन है,
जहाँ चाँद अठखेली करता है।
कभी चाँदनी संग,
कभी तारों संग फिरता है।"

....

"जीने की दुआ दे हमे,
ऐ ज़िंदगी।

तेरी हरकते,
मृत्यु से प्रेम करवाती है।"

....

"जिंदगी वो किताब है।
जिसमे असंख्य कहानियाँ है।
और असंख्य है पात्र।
मैं भी उन्हीं कहानियों का हिस्सा,
हर कहानी से अनजान।"

....

"अजब मोड पर आ गए हम ,
जिंदगी के हर मोड़ से अनजान।
फैसले लेने पड़ते है हर मोड पर,
कुचल कर अपने अरमान।"

....

"रंग भरना है जिंदगी मे हमे,
लेकिन कूची टूट गयी है।
रंगों से भरी है प्लेट कई,
लेकिन पानी की बोतल छूट गयी है।"

....

अतीत की बातें है,
भूला दी जाये तो अच्छा है।
भूल कर बातें पुरानी,
आगे बढ़ जाये तो अच्छा है।"

....

"जाम की तरह,
जमघट लगा है,
मन मस्तिष्क के विचारों पर,

बमुश्किल ही आगे बढते है।"

....

"वो दिन भी क्या गजब थे।
जब तुमसे बाते होती थी।
अक्सर छुपकर मुलाकाते होती थी।
रातभर लूडो खेलते थे संग संग,
सुबह सुबह फिर मुलाकाते होती थी।"

....

"बस इतनी खुशी है,
बंधन से मुक्त होने की।
मंजिल कब मिलेगी,
अब परवाह नही।"

....

"अगर तुम होती,
तो बहुत सी अनकही बाते,
मन मे दफन ना होती।
बहुत कुछ है कहने को,
बहुत से कारण है मिलने को।
अक्सर मुलाकाते होती।"

....

"शोर करता है मन,
बीता ले कुछ शांति के पल।
कब तक लड़ेंगे जीवन मे,
कहाँ मिलेंगे शांति के पल।
ढूँढ कही कुदरत का आसरा,
बीता ले शांति के पल।"

....

"तुम से कुछ कहना था।
पूनम के चाँद,
तेरे संघर्षों से बहुत कुछ लेना था।
सीखना था अस्तित्व का संघर्ष,
जो तू हर दिन अंधेरे से लड़ता है।
इन अंधेरी रातों संग,
ना जाने कैसे चलता है।"

....

"जिंदगी एक आईना है,
उसे देखता ही कौन है।
सब देखते है दूसरे का चेहरा,
अपने पर सब मौन है।"

....

"इसका एहसास नही है तुमकों,
जीवन मे सुख है,
तसल्ली दे लो मन को।
हर कोई सोचता है सुखी होना,
कल सुख आयेगा,
तसल्ली दे लो मन को।"

....

"दिल एक लड़ाका है,
जो विद्रोह जरूर करता है।
लड़का हो या लड़की,
ये पुरुष तत्व सभी मे धड़कता है।"

....

"फैसला नही हुआ है,
ना जन्नत मे लिखा गया है।

इंसान के कर्मों पर निर्भर है,
फैसला कई बार बदला गया है।"

....

"सुबह संदेशा लाई है,
अंधेरे को काट कर,
ले उत्साह और नव ऊर्जा,
पुनः जमीन पर आयी है।"

....

"कह कर भी नही कहा,
जिंदगी तूने इतने सितम ढहाये।
पूर्णिमा के सपने देख,
अमावस के दिन बिताये है।"

....

"मोहब्बत हो तो,
अंजाम तक पहुँचाओ।
हर मुश्किल मे,
साथ खड़े हो जाओ।
दुनिया को अनदेखा कर,
संग संग आगे बढते जाओं।"

....

"मोहब्बत हो तो,
व्यक्त कर जाओ।
नही तो बेमोहब्बत होना,
सबसे अच्छा है।"

....

"रोशनी का टुकडा,
काफी है राह दिखाने के लिए।

लेकिन जरूरी है,
पथिक अंधेरे से निकलना चाहता हो।"

....

"मौन रहकर देखों,
जो अपना है वो ही पास आयेगा।
परायों को क्या फर्क पड़ता है,
किसी दिन बोल ही जायेगा।"

....

"हम जब जब मिले,
तुम बोलती रही,
मैं सुनता रहा।
तेरे चेहरे के भावों को,
मैं हृदय से पढता रहा।
तेरे चेहरे पर टकरा,
धूप पहुँची मुझ तक।
तेरी अनकही बातो को,
सुनता रहा और समझता रहा।"

....

"चाँद की तरह मस्त रहिये।
दशाएँ बदलती रहती है।
अपना कर्म करते रहिये।"

....

"तेरे इंतजार मे,
बहुत अवसर ठुकराये है।
और तू मौका पाकर,
दिल से खेल जाती है।"

....

"जितने लोग दुनिया मे,
उतने दृष्टिकोण अस्तित्व मे आये है।
परिस्थिति और अनुभव से,
प्रभावित है दृष्टिकोण।
सापेक्षता के सिद्धांत से,
हर दृष्टिकोण सही पाये है।"

....

"तेरे जाने के बाद भी,
मै जिंदा हूँ।
आशा नही है जीवन मे,
निराशा के साथ संघर्ष करता।
अपने अस्तित्व का प्रमाण देता।
आसमान मे उड़ता परिंदा हूँ।"

....

"प्रिय लत, मुश्किल है तेरा छूट पाना।
मुश्किल तुझसे नजर चुराना।
मेरी कुंठा की अभिव्यक्ति,
तुझसे ही होती है।
मुश्किल है लिखना बंद कर पाना।"

....

"पर्दे नही रोक पाते,
इन विचारों को।
जिनसे तुम बचना चाहते हो।"

....

"तेरे दिए जख्म हरे है,
जिंदगी तू अक्सर भूल जाती है।
सूखे नही है जख्म मेरे,

तू नया जख्म दे जाती है।"

....

"प्रिय कागज,
तुम हो मूक मित्र जैसे।
भावों की नोक के वार को,
तुम चुप रह हो सहते।"

....

"तुम याद आते हो जब,
देखता हूँ पैरों के निशान रेत पर।
हमने भी ख्वाबों की रेत पर चल,
पैरों के निशान बनाये थे।"

....

"है कोई बात,
जो दबी सी रह जाती है।
कोई भी अपना हो,
व्यक्त नही हो पाती है।
शायद बात को भी है,
खुद से ज्यादा अपने का इंतजार।
तभी ये बात,
दबी सी रह जाती है।"

....

"कुछ कहना था,
लेकिन डर लगता है।
कही जिंदगी नाराज ना हो,
कही ये आखिरी बात ना हो।"

....

"ख्वाहिश वो पिंजरा है,

जो खुला हुआ है।
लेकिन कोई उससे,
बाहर नही आ पाता।"

....

"कभी कम है कभी ज्यादा है।
सुख दुख आधा आधा है।"

....

अंधेरे में कही गुमी हुई है खुशियाँ।
अंधेरे में बैठ उन्हें ढूंढते हैं।"

....

"ख्याल आते हैं।
नही ,ख्यालों सी हैं जिंदगी।
ख्याल और असलियत में अंतर नहीं।"

....

"समय तो लगेगा,
पटरी पर आने में।
जिंदगी मौका नहीं छोड़ेगी,
फिर से गिराने में।"

....

"जुदा होना कोई मुश्किल नहीं था।
मुश्किल था जुड़े रहना।
बस जुड़े रह नहीं पाए,
और ना जाने किस कारण जुदा हो गए।"

....

"दिल में आज भी कश्क बाकी है,
बीते हुए पल की और बीते हुए यादों की।
नशे में घोटे गए बचपन के अधूरे खवाब,

दिल के कब्रिस्तान में इनकी आरजू बाकी है।"

....

"मुसाफिर मै अकेला ही सही,
किसी के संग मिला सकूं कदम।
ऐसी हस्ती कही मिलती नहीं।"

....

"दिल की धरती में ,
दफन हैं अंकुर प्रेम के।
मौका मिलने दो ,
ढंग से फूटेंगे।"

....

"जब यायावरी करने निकला अंधेरे में,
चांद से आस थी राह दिखाने की।
मैं भी चलता रहा और चांद भी,
वो यायावर बन उजाला करता गया।"

....

"अब कोई रास्ता नहीं,
आँख बंद कर,
उसके पीछे चलने के सिवा।"

....

"आँसू एक पिंजरा है,
जो भावों को कैद कर ,
अर्श से फर्श पर लाता है।"

....

"हमारे हिस्से की जिंदगी जी कर देखों जरा,
मजा बहुत है जिंदगी से जखम लेने में।"

....

"निगाहों में बसी हुईं,
अधूरे ख्वाबों की आहें।
कोशिश हैं जारी,
कभी पकड़ेंगे असलियत की बाहें।"

....

"पंख नहीं हैं मेरे पास,
तो क्या हुआ।
मेहनत को पंख बना,
ऊंचाई तक उड़ जाऊंगा,
इच्छाओं के आकाश में,
पंख फैला इच्छाएं पूरी करता जाऊंगा।"

....

"अकेले रहकर ही,
खत्म होगी कहानी।
लेकिन कुंठाए मिटाने के लिए,
कोई अपना जरूरी हैं।"

....

"हमेशा एक सा नहीं रहता,
बदलेगा यह भी कभी।
वर्षा का मौसम हमेशा नहीं रहता।"

....

"सुनहरे ख्वाब दिखाये गए हमे भी,
लेकिन जब पकड़ने आगे बड़े,
तो अपने पीछे शून्य ही पाया।
कोई नहीं था अपना शून्य के सिवा,
फिर शून्य ने ही आगे बढाया।"

....

"कई चेहरे लगाने पड़ते हैं,
जिंदगी में बढ़ते जाने के लिए।
ना जाने कौन सा चेहरा काम आये,
जिंदगी को लुभाने के लिए।"

....

"साल का आखिरी दिन है,
साल का आखिरी सवाल है।
भूल जाए पुरानी बातों को,
या रखे याद हर बात का।
लेना हर बात का हिसाब है।"

....

"अब हैरानी नहीं होती,
जब कोई अनदेखा कर जाता है।
छोटी छोटी बातों पर,
धूम मचाता है।
हर बात पर खुश होना,
खुद से बेईमानी होगी।
मुझे अब हैरानी नहीं होती।"

....

"चुल्लू भर इंसान,
चुल्लू भर इंसान से।
चुल्लू भर सम्मान की कामना,
चुल्लू भर जिंदगी में करता है।"

....

"कई उम्मीदें और सपने समाए है,
लड़कों की आंखों में भी।
जरूरी नहीं हर लड़का इश्क ही चाहता है।"

....

"शब्द तो है मगर,
अब भाव नहीं है।
कारण तो है,
लेकिन उत्साह नहीं है।"

....

"नए साल की पहली शाम।
ना जाने कितनों ने टेका माथा मंदिरों में।
ना जाने कितनों ने झलकाएं है जाम।
कई घूमे होंगे लुत्फ उठाने।
कईयों के लिए पहले जैसी शाम।"

....

"रास्ते अपने बनायेंगे हम,
कल्पनाओं में तो बहुत कुछ आ रहा है।
लेकिन कैसे लिख दूँ उन्हें मैं,
जब वास्तविक जीवन में उतर नही पा रहा है।"

....

"विरह, वेदना, प्रतीक्षा और प्रेम को।
परिभाषित करना हों एक शब्द में।
तो शिव शक्ति का नाम ही काफी है।"

....

"कोई समझ नहीं पाया जिंदगी तुझे।
सबने अपने तरीकों से तेरा बखान किया है।
जिनके दिलों को तूने तोड़ा,
उन्होंने तुझे दर्द कहा।
जिनके दिलों को जोड़ा,
उन्होंने तुझे इश्क का नाम दिया है।"

....

"बदलता है सब कुछ,
बदलता नहीं कुछ।
समय बदल जाता है,
आदतों में सुधार नहीं आ पाता है।"

....

"ख्वाबों की पटरी पर,
अरमानों के घर बनाये थे।
समय की ट्रेन आयी,
और उनके निशान मिटाकर चली गई।"

....

"जिंदगी की मोड़ में,
धुंध ही धुंध छायी है।
मंजिल मिलेगी या नहीं,
इस विचार ने ही तबाही मचाई है।"

....

"हर चेहरे के पीछे ,
कई चेहरे छिपे है।
पहचानो उस चेहरे को,
जो तुम्हारे लिए बेहतर है।"

....

"जब बच्चा सवाली हो जाए,
तो हर किसी को नही भाता।
आदर्श पुत्र राम तो सबको चाहिए,
आदर्श पुत्र नचिकेता को पूछा नहीं जाता।"

....

"जिन्दगी पास ही रहती है,

हर घड़ी मुंह पर बात ही रहती है।
कभी देखा है जिंदगी को,
या फिर अफवाहों की बात रहती है।"

....

"समझौता कर सकते थे,
लेकिन अब रुकना नहीं जरूरी था।
दिल अब टूट चुका था,
चलना ही जरूरी था।"

....

"कितनी बार तुमसे कहा,
कितनी बार मौका दिया।
लौट आओ आपस,
लेकिन तुम्हे आगे बढ़ने की जल्दी थी।"

....

"इस बात पर निर्भर करता है,
मंजिलों तक पहुँच पाना।
बैठे हो भाग्य के भरोसे,
या सीखा है चलते जाना।"

....

"हर बुरे दिनों के बाद,
अच्छे दिन आते है।
सुना है मैने,
अब उन अच्छे दिनों का इंतजार है।"

....

खुद से वादा किया है,
देखो कब तक निभा पाते है।
सच तो यही है,

वादे टूटते है या तोड़ दिए जाते है।"

....

कभी कभी खामोशी,
साथी है हमारी।
अक्सर मन की बाते,
कोई समझ नही पाता।"

....

"नक़ाब हर किसी के चेहरे पर चढ़े है।
ना जानें लोगों ने कितने चेहरे गढे है।
कभी कोई अपना सा है कोई पराया सा।
बताता नही कोई लेकिन सब चौराहें पर खड़े है।"

....

"इस अंधेरे में रोशनी की आस है।
भटक रहा हूँ अंधेरी गालियों में।
जिन्दगी की शिकायत कहने के लिए,
मुझे अज्ञात की तलाश है।"

....

"जिंदगी में सब तरफ,
फैला सराब है।
खुशियाँ दिखती है दूर से,
लेकिन वो दुःखों का तालाब है।"

....

"एक ही जिन्दगी में,
कई आकांक्षा पूरी करना चाहते।
फिर बचपन जीना,
गलियों में खेलना चाहते है।
हम हर पल को खुशी से जीना,

खुशी से मारना चाहते है।".

....

."एक टुकड़ा मोहब्बत है ,
बचपन के मौकों से।
जो बचपन में,अधूरे रह गए।"

....

"दिखावा क्या करना।
उस भौतिकता का।
जिस में कभी सिमट नही पाते।
दुनिया की चकाचौंध में,
जब साँस ले नही पाते।"

....

"शान्ति की तलाश में,
चल दिए कुछ लोग हिमालय तक।
लेकिन फिर भीड़ में आकर,
शान्ति का रास्ता बताने लगे।
जिससे ऊब कर भागे,
उसी से मिलने वापस आने लगे।"

....

"बचपन की चंचलता छोड़ दी थी पीछे,
वो ही उदासी बन सामने आती है।"

....

"बचपन की छूटी हुई चंचलता है।
अधूरे सपनों की कुंठा है।
अनवरत घेरती उदासी है।
कमाई है यही अपनी।"

....

"गुम हो जाने का डर है,
अपनों के खो जाने का डर है।
कर्तव्य नहीं हुए है पूरे अपने।
उनके अधूरे रह जाने का डर है।"

....

."भरोसा नही हो पा रहा है खुद पर,
सपने पूरे कर पाऊंगा।
अस्तित्व का बोध नही है इस बार,
क्या मैं दुनिया से लड़ पाऊंगा।
लगी है आस कईयों की बचपन से,
इन आशाओं पर खरा उतर पाऊंगा।"

....

"जिन्दगी का इशारा मिला बार बार,
अब दिल ये इशारा समझना नहीं चाहता।
अब पाना चाहता है मंजिल अपनी,
इशारों की तरफ जाना नही चाहता।"

....

"किस्मत से लड़ पड़े इक रोज,
छूटे हुए बचपन,
बीते हुए कल के खातिर।
किस्मत ने फिर से वो ही गलती दोहराई,
हमने जहाँ से शुरू किया था संभलना,
किस्मत उसी जगह फिर से ले आयी।"

....

"आसमान तू ही बता।
कहाँ है मेरी मंजिल।
कहाँ है खुशियों का रास्ता,

जो मुझे है नहीं पता।"

....

"चाँद की रोशनी में,
कोशिश करता हूं,
खुद को तराशने की।
बीते पलों को भूलने,
और कुंठा को त्यागने की।"

....

"ये धूप छाँव का खेल,
मेरे बस की बात नहीं।
बार बार लड़ने की,
मेरी अब औकात नहीं।"

....

"प्रिय ख्वाहिशें,
ना जाने तुम कब से अधूरी हो।
पड़ी हृदय समंदर में रह रही हो।
जख्म दे चुकी हो कई मन को।
जैसे तेरे बस की बात नहीं,
जख्म देकर कह रही हो।"

....

"दर्द वो साया है ,
जो हर पल,
मेरे पीछे आता है।
जैसे जन्म जन्म से,
साथ निभाता है।
नहीं समझ सकते,
तुम इस साये को।

तुम्हे मेरा मुस्कुराता चेहरा,
हमेशा नजर आता है।"

....

"दिल की मायूसी के पीछे,
कई कारण है।
कैसे समझोगे तुम इन्हे,
हर मोड़ पर घायल हूं मैं।"

....

"इसी आस में आशंकाओं को,
दरकिनार करते जा रहे हैं।
तुम नही होने दोगे सत्य उन्हे,
इस विश्वास के साथ ,
महादेव हम कोशिश किए जा रहे।
उन आशंकाओं का तुमको पता है।
और किसी से कह भी नहीं पा रहे हैं।"

....

"हे कृष्ण!इस मतलबी दुनिया में,
तुम्हे ही माना है मित्र।
सुदामा के चावल की तरह,
कुंठा अर्पित करता हूं।
सब कुशल करोगे,
तुमसे यही आस में रखता हूं।"

....

"एक फरियाद है तुमसे,
पूरा कर सको तो ठीक है।
वरना अब कोई आस नही तुमसे।"

....

"अब हम नाराज खुद से है,
और से नाराज होना छोड़ दिया हमने।"
"सब कहाँ मिलता है सबको,
कुछ छूट जाता है कुछ के लिए।

....

"जिन्दगी और क्या है,
संघर्षों का फंदा है।
अधूरी इच्छाओं का पुलिंदा है।
जहां चल रहा इन्सान,
अजनबी मंजिल की तरफ।
जिन्दगी एक खेल है,
जो बड़ा गंदा है।"

....

"शहर के शोर में अक्सर,
मर जाती है दिल की आवाजे।
फिर शहर की आवाजे,
अपनी लगती है।

....

"मैं जलता आग का गोला हूं,
तुम पानी की ठंडी धार प्रिये।
बिन कहे समझती हो,
मन की हर बात प्रिये।
लगता है जैसे मौन मेरा,
तुमको विचलित कर जाता है।
असमर्थ हूं मैं परिभाषित कर पाऊं,
ये रिश्ता क्या कहलाता है।

....

"कभी कभार बचपन,
दम तोड देता है सरेआम।
क्योंकि ख्वाहिशों को मार,
लगाए गए है कही जाम।"

....

"मैं डूबने जा रहा था दारिया में,
फिर ख्याल आया।
तेरी आँखों मे डूबना बेहतर है।
दरिया की लहरों की तुलना में,
तेरे मुँह से "एक बात कहूँ"सुनना बेहतर है।
आगे जो होगा देखा जाएगा।
तेरे मिट्टी से सने पथरीले हाथों में,
मेरे कोमल हाथों का मरहम,
तेरे लिए बेहतर है।"

....

"किसी ने कहा था की,
ख्वाहिशें पूरी होती है,
पलक के टूटे बालों से।
तब से हाथ मे रख,
इन बालों को ,
फूंक मार उड़ा रहे है।"

....

"जला के अपने जिगर को,
दर्दों को धुयें संग उगलता गया।
सिगरेट जलती रही,
मैं जिंदगी मे ढलता गया।"

....

"बगुला देखे तट पर,
आती जाती लहरो को,
मछली की आस लगाये।
ना मिले उसे मछली,
फिर भी लहरों पर ध्यान लगाये।
उसका है जो कर्म,
वो कर्म करता जाये।"

....

"चाय और मेरी बातें,
अक्सर हो जाती है।
गम और दर्द भुलाने को,
चाय छलकायी जाती है।"

....

"काश पानी ही बन बह गए होते,
पत्थर बन ना रह गए होते।
भाप और बदल बन,
गधेरों से निकल,
समुंदर मे खो गए होते।"

....

"चाँद रोता रहा रातभर,
काले मेघों ने उसे घेरा था।
होती रही बारिश रातभर,
लोगों ने सोचा वर्षा का डेरा था।"

....

"तुम भीड़ मे रहकर सभ्य हो,
मै एकांत मे रह असभ्य कहलाता हूँ।
तुम बनाओं रिश्तें सामाजिक बन,

मै एकांत में असमाजिक रहना चाहता हूँ।
नही चलता है संग मे कोई,
मैं संग की लत नही लगाता हूँ।
तुम मनाओ उत्सव हुडदंग के संग,
मैं मरघट मे खुशियाँ के दीप जलाता हूँ।"

....

"चुभने लगे उजाले अब,
मैं अंधेरों मे जाना चाहता हूँ।
हो जाए कर्तव्य पूर्ण तो,
कर्तव्यविहीन होना चाहता हूँ।"

....

"मेरे भरते हुए जख्मों पर,
लोग नमक छिड़कने आते है।
यही है जिंदगी शायद,
जिसका मजा लेते जाते है।"

....

"कहती है मुझे जिंदगी,
तेरे संघर्ष अभी बाकी है।
छीन लूँगी तेरा सबकुछ,
तेरी खुशियाँ रास नही आती है।"

....

"सोचे चले जाते है,
खुशियों के दीये,
क्यों नही जल पाते है।
सुनसान राहों पर,
खुशियाँ ढूँढने क्यों जाते है।"

....

"बिक चुका प्रशासन,
रूपयों के ढेर से।
पुरखों का सबकुछ,
बर्बाद होता देख,
मै कुछ नही कर पाता हूँ।
नही है इस धरा पर,
न्याय और कानून,
आम इंसानों के लिए।
मै हृदय मे उठी,
टीस दबा रह जाता हूँ।"

....

"हुनर जीने का,
कुछ के पास होता है।
कुछ सीख जाते है।
जो नहीं सीखते,
फिर वक्त सिखाता है।"

....

"ये सिगरेट मेरे दिल का,
हर मर्ज जानती है।
लबों मे लगकर मर्ज को,
धुयें मे ढालती है।"

....

"मेरी जिंदगी का हर मर्ज जानती है।
मेरे जहन मे चल रही उथल पुथल,
बिन कहे जानती है।
क्या है क्यों है अपरिभाषित है।
लेकिन मेरे दोस्तों से ज्यादा,

वो मुझे पहचानती है।"

....

हे चंद्रमा!
ख्याल तो कर उनका,
जो है कुँवारे।
शादीशुदा पर तो,
अपनी रहमत लुटाते हो।
कुँवारों के लिए ,
कुछ भी नही लाते हो।"

....

यदि तुम मिलती होली के रंगों संग,
सारे वादे निभाते हम।
फेर कर दुनिया से आंखे,
दिल से रंग लगाते हम।"